JN247013

イギリスの産業遺産

Industrial Heritage in Britain

イギリスの産業遺産

文＝片木 篤　写真＝増田彰久

柏書房

目次

Level of the ground Cowery

Section of the R O C K

I

序

●すべては鉱山から始まる

　石炭と鉄、また石炭を燃料とする鉄製原動機＝蒸気機関が、産業革命を牽引したとするならば、蒸気機関を用いて石炭や鉄鉱石を採掘した鉱山こそ、産業革命の源泉であったと言うべきだろう。実際、産業革命の技術革新はまず鉱山に興り、それが都市に応用されて近代化された。すなわち、都市の近代化とは都市を鉱山化することにほかならなかったのだ。

　「知は力なり」という箴言で知られる哲学者、フランシス・ベーコン（1561−1626年）は「自然の真理は色々な深い鉱山や洞窟の中にじっと隠れている」ので、それを明らかにするには「自然の知識の鉱山の中へますます深く」掘り進まなければならないとし、鉱山をモデルとした自然哲学＝科学を提唱した。ベーコンは、大地を掘り返すことは慈悲深い母なる大地を冒瀆することであるというそれまでの軛を解き放ち、逆にそこに科学的方法の典拠を見出したのだが、ベーコン以降、科学ばかりでなく技術革新も鉱山から生み出された。

　鉱山では揚水用ポンプとして大気圧機関が考案され、それが蒸気機関へと改良された。ジェームズ・ワット（1736−1819年）は分離復水器で蒸気の膨張力を利用できるように改良し、さらにそれを揚水用ポンプだけではなく、汎用性のある原動機に仕立て上げた。そのボウルトン＆ワット社製蒸気機関のシリンダー製造に、大砲用の穿孔機械が用いられたほか、旋盤の改良等、鉄の工作機械の技術革新が促された。

　その後も鉱山ではより効率の良い高圧蒸気機関が考案され、小型高圧蒸気機関を台車に載せた蒸気機関車を線路上に走らせ、石炭その他の鉱物を積出港まで運搬した。かつて鉱山横坑には手押しトロッコ用の木製レールが敷設されていたが、まずその上に鉄板が被せられ、次にレール全体が鋳鉄製に替えられた。そうした文字通りの「鉄の道」に鉄製蒸気機関車を走らせ、石炭を運ぶという輸送方法が、人用に改良されて鉄道となった。やがてそれは都市内では空中高く、あるいは地中深くに張り巡らされて、高架鉄道や地下鉄となり、その橋や高架橋あるいは駅のトレイン・シェッド*で大鉄骨構造が試みられた。

　また鉱山縦坑では鉱夫や鉱物を地上に引き上げるために、定置蒸気機関を原動力とするホイスト*とベルトコンベアーが使われたが、それらが人を乗せるエレヴェーターとエスカレーターとなった。ホイストの荷台をケージ（箱）に替え、安全装置を取り付けたエレヴェーターが、鋼鉄製柱−梁構造の発明と相俟って、高層建築を可能ならしめた。他方、ベルトコンベアーは紡績工場その他で採用されたが、やがて自動車組立工場で生産の流れを統御する一方、ベルトを自動昇降する階段に替えたエスカレーターが百貨店での消費の

*トレイン・シェッド(train shed)：列車車庫。鉄道駅においてプラットフォームと線路を覆う大屋根

*ホイスト(hoist)：巻上機

流れを促進していく。

　鉄は、石炭を燃料とし、石炭を乾留したコークスで鉄鉱石を溶解するという高炉法の発明で大量生産されるようになったが、このコークス製造の副産物として石炭ガスが大量生産され、照明、調理、暖房等の汎用エネルギーとして用いられた。石炭ガスを貯蔵するガスホルダーは鉄板を貼り合わせて作られ、石炭ガスの配送には鉄管が使われた。また石炭ガスを用いた原動機=ガス機関が発明され、そこから石油を燃料とする内燃機関が開発されていく。

　元々鉱山の揚水ポンプとして考案された蒸気機関は、上下水道、運河、低湿地の揚水用に幅広く利用されたが、当初は蒸気機関、後には蒸気タービンを原動機として電気を起こす発電方式が考案され、電気が石炭ガスに代わる汎用エネルギーとして使われていく。

　私たちは、近代化が都市に始まり、田舎へと伝播していったと考えがちであるが、そうではない。山奥の鉱山で技術革新が興り、それが鉱山から新興の工業都市へ、そこから既存の大都市へと伝播していったのである。アメリカの建築・都市史家、ルイス・マンフォードは鉱山を「人が作り出してかつ住むことになった完全に無機的な環境として最初のもの」* と見たが、実際、「チューブ」状の坑道が縦横に張り巡らされた鉱山をモデルとして、都市は、鉄道、地下鉄、上下水道、ガス、電気といった都市基盤の「チューブ」が三次元的に絡み合いながら、水平方向、垂直方向に拡張し続ける人工環境へと改変された。こうした都市の近代化に伴い、建築もまた改変を余儀なくされた。大地の上に自立していた建築は、大地の下に通された都市基盤の「チューブ」に緊結され、別の場所で大量生産され、大量輸送されてきた水・エネルギーを大量消費する一つの単位となった。建築の近代化、すなわち近代建築運動とは、鉄骨造、鉄筋コンクリート造といった新しい素材・構造の採用もさることながら、このような都市基盤の「紐付き」を前提としていたのである。

*Lewis Mumford, *Technics and Civilization*, Harcourt, Brace & World, New York, 1934.（ルイス・マンフォード『技術と文明』美術出版社、1972年）

●蒸気機関の発明

　鉱山には、18世紀初頭にセーヴァリの火力機関とニューコメンの大気圧機関が導入されていた。トマス・セーヴァリ大尉（1650頃–1715年）が1698年に特許を取り、『鉱夫の友』（1702年）というパンフレットで宣伝した機関は、「火の駆動力」をもってはいたが、単なるポンプにすぎなかった。また熱効率が非常に悪く、頻繁に「空気づまり」（空栓）を起こしてうまく作動しなかったと言われている。

　トマス・ニューコメン（1664–1729年）が1712年に建造した機関 [図1] では、鉄製シリンダーに上下に動くピストンが嵌めこまれ、それが鎖で大きなビームに結ばれ、さらにこのビームの他端がポンプ棒に結び付けられている。シリンダーを下方のボイラーからの蒸気で満たし、ピストンがシリンダー頂部に達した時に蒸気弁を閉じ、冷水を噴射して蒸気を凝縮させるとピストン下部が真空となって、大気圧がピストンを押し下げる。ピストンがシリンダー底部につくと、冷水の噴射を止め、蒸気を再注入する。この時シリンダー内の空気は漏気弁

[図1] ニューコメン機関（ジョン・デサグリエ『実験哲学講義』第2巻、1744年）

を通じて排出され、空栓状態を防止する。こうしたメカニズムをもつニューコメン機関は急速に普及し、1769年には120台もが炭坑の揚水用に使われていたと記録されている。その後、エディストーン灯台 [図10] の設計者として名高いジョン・スミートン（1724-92年）が、ニューコメン機関の改良を行い、熱効率をほぼ2倍に上げることに成功した。とは言え、彼がロング・ベントン炭鉱で設計・監理したニューコメン機関（1772年）でさえ、全熱効率はたった1%にすぎなかった。

　この問題に対する解決が、ジェームズ・ワットによりもたらされた。ワットは、蒸気を最大限利用するには、第一に、シリンダーを常に中の蒸気と同程度の高温に保つべきである、第二に、蒸気が凝縮された時、そこでできた水および噴射水は可能なかぎり低温に冷やすべきであると考えた。この二条件を満たすべく、シリンダーに別の器=復水器を連結し、そこで蒸気を凝縮させて、シリンダーを高温に、復水器を低温に保つようにした。またピストンを押し下げるのに、低温の大気ではなく、大気圧に相当する圧力の蒸気を用いるようにした。ワットはこのアイデアで1769年に特許を取得、バーミンガムの製造業者、マシュー・ボウルトンと共同して分離復水器付き蒸気機関を製作したが、その石炭消費量は今までのニューコメン機関の1/3以下となった。イングランド南西端、コーンウォール地方は錫その他の金属鉱山を多数抱えているが、石炭は産出しない。熱効率の良い機関を切望していたコーンウォール地方の金属鉱山主から、ボウルトン&ワット社製の蒸気機関の注文が殺到したのは言うまでもない。

　これは、シリンダー内のピストンの往復運動によりビームが上下に揺動するビーム機関にすぎず、ボウルトンはワットにそこから回転運動を得る方法を考案するよう要請した。その成果が、ワットの四大発明と呼ばれているものである [図2]。第一は太陽・惑星歯車機構である。ワットは当初、ビームに付けられた連接棒でクランク軸を動かし、シャフトを回転させるというアイデアを持っていたが、使っていた職人に先に特許を取られてしまったため、連接棒端の惑星歯車にシャフト端の太陽歯車の周りを回転させるという機構を考案し、それをクランク軸と連接棒の特許が切れる1794年まで使用した。第二は複動機関で、ピストンの上下から蒸気を導入することにより、同じ容積のシリンダーから2倍の動力を引き出すことができた。第三は平行運動機構で、ピストン棒の直線往復運動を正しくビームに伝えるため、ピストン棒に平行四辺形をなすパンタグラフを取り付けた。第四は円錐振子式遠心調速器で、振子の遠心力の大小で梃子を上下させ、蒸気供給絞り弁を制御した。

　ワットは、蒸気圧を高圧化するのは危険であると判断したため、彼の蒸気機関は低圧で大型のままに留まった。蒸気機関の高圧化と小型化、さらにはそれを載せて自走する乗物の発明は、コーンウォール出身の技師リチャード・トレヴィシック（1771-1833年）の手に委ねられた。彼は、1803年には蒸気自動車をロンドンで試運転、1804年にはウェールズ南部、ペナダレン製鉄所において高圧蒸気機関で駆動するハンマーを製作、またそれを台車に乗せた蒸

[図2] ワット機関（アルビオン製粉所、ブラックフライアーズ橋詰、ロンドン、1786年）

[図3] リチャード・トレヴィシックによる蒸気機関車の興行、ユーストン広場、ロンドン、1808年

＊プランジャー・ポール機関(plunger-pole engine)：高圧蒸気によって細長いシリンダー内で鉄製棒状ピストン（プランジャー・ポール）を往復運動させ揚水する機関で、ビームを必要としない。

気機関車をペナダレン製鉄所—グラモーガンシャー運河間の鋳鉄軌道上を走らせた。さらに1808年にはロンドン、ユーストン広場で新たな蒸気機関車を走らせる興行［図3］を行ったが、さほど評判を呼ばず、開発を断念せざるをえなかった。

トレヴィシックは、テムズ・トンネル掘削等、ロンドンでの事業に失敗して、コーンウォールに戻り、1812年には1本の炉筒を挿入した円筒を水平に置くコーニッシュ（コーンウォール式）ボイラーを開発、さらにそれを備えた高圧蒸気機関、コーニッシュ機関を作り上げた。これは熱効率が高く、維持費もほとんどかからなかったので、炭坑だけでなく上下水道の揚水用などに広く用いられるようになった。さらに1815年にはプランジャー・ポール機関＊の特許を取得、それを既存ワット機関に付けて高圧蒸気で働かせることに成功した。

●蒸気機関と技師・工学

元来 'engine' という語はラテン語の 'ingenium' に由来し、'ingenious' や 'ingenuity' と同義、すなわち「発明の才」「精巧さ」を意味する。これが精巧な道具や装置の意で用いられ、後にカタパルト（投石機）などの攻城兵器を指すようになった。18世紀になると、蒸気でもって動力を得る精巧な機械、「蒸気機関」を 'steam engine' と呼ぶようになり、以後、'engine' は「原動機」一般を指すようになった。同様にして 'engineer' という語は攻城兵器を製作・操作する「工兵」を指していたが、ジョン・スミートンが、'engineer' を 'military'（軍事用）と 'civil'（民生用）に区別して、自ら 'civil engineer' と称し、そこから 'civil' を取った 'engineer' が「技師」一般を指すようになった。つまり 'engine'（原動機）を製作・操作する者が 'engineer'（技師）となったのである。さらに 'engineer'（技師）の行っている技術開発が 'engineering'（工学）という学問分野として認知されるようになり、やがて土木工学から機械工学が、機械工学から電気工学が分化していくことになる。

前述したようにリチャード・トレヴィシックはコーンウォールの鉱山技師で、蒸気機関の改良と蒸気機関車の開発を手がけたし、ジョージ・スティーヴンソン（1781-1848年）はニューカッスルの鉱山技師で、炭鉱用安全灯を考案した後、蒸気機関車を使った鉄道を実用化させ、「鉄道の父」と称された。他方、鉱山の掘削技術は、まずは運河、続いて鉄道の建設に応用され、そこで働く労働者が 'navigator' = 'navvy'（工夫）と呼ばれた。鉱山は新たな「人」を生み出した。この内、'engineer'（技師）は 'professional'（職能人）の一つに数えられ、中流階級に属するのに対し、'navvy'（工夫）は労働者階級に属するのだが、後者から前者に成り上がることも不可能ではなかった。サミュエル・スマイルズの『自助論』（1858年）——日本でも明治維新直後に中村正直訳『西国立志篇』（1871年）として出版され、近代化に大きな影響を与えた——では、ジョージ・スティーヴンソンの立身出世が 'self-help'（自助）によるものとして称揚されたのである。

●蒸気機関と熱力学

　古代ギリシャにおける自然の四元素（「地」「水」「火」「風」）という概念を用いれば、'steam engine'（蒸気機関）とは、「地」から産する石炭を燃やした「火」でもって「水」を水蒸気という「風」に変換し、その「風」によって往復運動、さらには回転運動を得る精巧な機械であると言うことができる。こうした熱から運動への変換に熱損失はつきもので、熱効率はワット機関（1775年）でわずか2.7％、改良コーニッシュ機関（1828年）でも12.0％にすぎなかった。

　他方、「エネルギー」という概念を用いれば、それは自然の「熱エネルギー」を人間に利用される「運動エネルギー」に変換する精妙な機械であると言うことができる。しかし、かつては全く別物と考えられていた熱と運動を総称するこの「エネルギー」という概念も、また熱力学という科学も、蒸気機関を通して生み出されたものであった。物理学者、オズボーン・レイノルズが「時計の次に蒸気機関が最も高度に発達した機械技術であり、熱力学という科学は蒸気機関の研究の成果である」と言い、生化学者、L.J.ヘンダーソンが「1850年までは、蒸気機関のために科学がなした以上のことを、蒸気機関が科学のためになした」と言うゆえんである。

　ヤング率*にその名を残すトマス・ヤング（1773–1829年）は、1802年、ゴットフリート・ライプニッツ（1646–1716年）の「活力（vis viva）=mv²」という概念を、アリストテレスの用語「エネルゲイア（energeia）」から取った「エネルギー（energy）=動力の発生がある」に置き換え、熱力学第一法則を予見していた。ニコラ・レオナール・サディ・カルノー（1796–1832年）は『火の動力』（1824年）を著し、いわゆるカルノー・サイクル*によって熱力学第二法則の原型を導き出していた。後にウィリアム・トムソン（ケルヴィン卿、1824–1907年）がそれを再評価するとともに、ジェームズ・プレスコット・ジュール（1818–1889年）による熱の仕事当量の測定を参照して、熱力学を提唱した。さらにルドルフ・クラウジウス（1822–1888年）は「エントロピー（entropy）」概念を導入し、熱力学第一・第二法則を「宇宙のエネルギーは一定である」「宇宙のエントロピーは最大値に向かう」と見事に表現し、熱力学を確立したのである。

*ヤング率（Young's modulus）：弾性体の応力度と歪み度の関係を示す比例定数

*カルノー・サイクル（Carnot Cycle）：等温膨張、断熱膨張、等温圧縮、断熱圧縮の4過程からなる理想的可逆熱サイクル。これにより「熱機関の最大効率は2つの温度のみで決定される」というカルノーの定理が導かれた。

II

交通基盤：水路

1 ｜ 運河

●運河の隆盛

イギリスでは、植民地との海外交易が盛んになるにつれ、自国内での人・物・情報の流通が増え、道路や運河が整備されてきていたが、産業革命によりそれらの建設に拍車がかかった。大ブリテン島の運河だけをみると、1750年時点で1000マイル以上の航行可能な河川があったが、100年後の1850年時点では、そこに約4250マイルの内陸航行用運河が加わっていた。

その先鞭を付けたのが、セント・ヘレンズ周辺の炭坑からマージー川を介して石炭をリヴァプールへと運搬するサンキー運河（1757年）、ウォーズリー炭坑からマンチェスターに至り（1761年）、そこからマージー河口ランコーンまで延伸された（1772年）ブリッジウォーター運河［図4］である。後者は、第3代ブリッジウォーター公爵が所有する炭坑で産する石炭を売り捌くため、技師ジェームズ・ブリンドリー（1716–1772年）に建設させたもので、ブリッジウォーター公爵に巨万の富をもたらした。その後ブリンドリーは、マージー河口ランコーンとトレント川・ダーウェント川の分岐点、ダーウェント・マウスとを結ぶ、全長93.5マイル、75の閘門、5つのトンネルを擁するトレント・マージー運河（1766–1777年）を建設した。その建設に、重くて壊れやすい陶器の輸送に頭を悩ませていたジョサイア・ウェッジウッドI世（1730–95年）らストーク・オン・トレント周辺の製陶業者が出資、その成功により1780年代以降の「運河狂」時代の幕が切って落とされたのである。

運河は、「地」を掘削したところに「水」を通した人工の水路で、幅員によって二分され、幅員7フィートのものは幅7フィート以下の荷船＝ナロウボート（narrowboat）が航行する狭路、それ以上のものは幅7フィート以上の荷船＝バージ（barge）が航行する広路と呼ばれる。狭路とナロウボートとは、いわば「チューブ」の雌型と雄型の関係にあると言ってよい。ナロウボートにせよ、バージにせよ、当初は馬車で牽引されたため、運河横にはトウパス（towpath）＝曳舟道が付けられた。運河はおおむね等高線に沿って迂回して作られたが、それが渓谷を跨ぐ際には水路橋（acueduct）が設けられ、また丘陵を越える際、勾配が急な場合はトンネルが、勾配が緩やかな場合は閘門（lock）が設けられた。

前述したブリンドリーによるブリッジウォーター運河では、アーウィル川を跨ぐ、全長600フィート、幅36フィート、砂岩造三連アーチのバートン水路橋（1761年、1893年にバートン旋回水路橋建設のために取り壊し、図4）が建設された。技師トマス・テルフォード（1757–1834年）も運河建設に携わり、レクサム炭坑・製鉄所とチェスターとを結ぶエルズミア運河（1793–1805年）では、顧問技師

［図4］第3代ブリッジウォーター公爵とブリッジウォーター運河

ウィリアム・ジェソップ（1745–1814年）と共同し、ディー川を跨ぐ、全長1007フィート、幅11フィートのポントカサステ水路橋（1805年、図5）を建設した。そこで、スパン*53フィートの中空石造橋脚19本の上に、鋳鉄板をボルト留めしコーキング*したU字溝を並べ、それを鋳鉄製扁平アーチで支える構造を考案、同じ構造をグランド・ジャンクション運河のコスグローブ水路橋（1811年）でも採用した。テルフォードはまた、スコットランドを東西に貫通するカレドニア運河（1803–1822年）を建設、さらにはスカンジナヴィア半島を横断するイェータ運河（1810–1832年）の計画案を作成した。

　閘門は、緩斜面の水路を小区間＝閘室に「微分」した上で、閘室内の水位を変化させることで船を上下に移動させる装置である。閘門扉には、イタリア・ルネサンスの万能人、レオナルド・ダ・ヴィンチ（1452–1519年）が考案したと言われる——実際、ミラノのサンマルコ運河（1497年）の設計図が残されている——マイターゲート*が用いられる。階段形閘門とは、複数の閘門を直列し、上方の閘室後扉が下方の閘室前扉を兼ねるようにしたものである。閘室脇に貯水池が無いものを「真の」階段形、有るものを「見掛け上の」階段形と区別するが、前者では大量の水が必要とされたため、後者が考え出された。また貯水池への揚水のために蒸気機関が用いられ、エンジンハウスと呼ばれる建屋が併設される場合もある。この「見掛け上の」階段形閘門の現存例が、グランド・ユニオン運河・レスター支線（旧グランド・ユニオン運河、1814年）のワトフォード閘門（1814年、pp.018–020）とフォクストン閘門（1814年、p.021）である。特に後者では、閘門に近接して技師ゴードン・ケイル・トマスにより「インクライン＝斜面（inclined plane）」（1900年、図6）が建設された。それは、ケーソン*内の水に7フィート幅のナロウボート2隻もしくは14フィート幅のバージ1隻を浮かせ、2つのケーソンをカウンターバランスさせながら、斜面に敷設された線路上を上げ下げするという大掛かりな装置である。ケーソンが水路を「微分」した閘室に相当し、その全体を蒸気機関の動力（25馬力）で引き上げるのだが、維持費に多額の費用を要したため、1911年に操業停止、1926年には取り壊された。

　リチャード・アークライト（1732–92年）は、奇しくもジェームズ・ワットによる蒸気機関の特許取得と同じ1769年に、水力紡績機の特許を取得した。この紡績の機械化により綿糸の工場制機械生産が可能となり、綿紡績・綿織物業が飛躍的に発展した。水力紡績機は水車の動力で駆動するため、紡績工場は水の豊富な渓谷沿いに建てられ、「水車」を意味する 'mill' と呼ばれるようになった。アークライト自身は、ダーウェント川沿いクロムフォードの既存製粉用水車を利用して紡績工場を建設、続いてその上流に最新のマッソン紡績工場（ミル）（1783年、pp.184–187）を建設した。このダーウェント川に沿ってクロムフォードとエレウォッシュ運河を結ぶクロムフォード運河（1794年）がウィリアム・ジェソップの手で計画されたが、アークライトの抗議によりマッソン紡績工場の堰を高くし、そこから取水するように変更された。後に石造古典様式のリーウッド・ポンプハウス（1849年、p.022）が建設され、巨大なコーニッシュ

[図5] ポントカサステ水路橋、レクサム郡、ウェールズ、トマス・テルフォード設計、1805年

*スパン（span）：径間。梁などの支点間距離
*コーキング（caulking）：水密あるいは気密の目的で、部材接合部をパテ状の充填材で埋めること
*マイターゲート（mitre gate）：上部構造のない観音開きの水門

[図6] フォクストン・インクライン、フォクストン、レスターシャー、ゴードン・ケイル・トマス設計、1900年

*ケーソン（caisson）：中空の大きい函。ケーソン工法とはこれを支持地盤まで沈下させ、構造物を支える基礎とする工法を指す。

機関がダーウェント川からの水を30フィート揚水し、クロムフォード運河に給水した。

●航行兼用排水路と風車

イースト・アングリア北西、ザ・ウォッシュと呼ばれる入江付近はフェン（fen）という沼沢地で、そこに流れ込むグレート・ウーズ川やウィサム川には、航行・排水兼用の運河が建設された。コルネリウス・フェルマイデン（1595-1677年）はオランダの干拓技術をイギリスにもたらした技師で、グレート・ウーズ川をショートカットする旧ベドフォード川（1637年）、新ベドフォード川（1652年）を掘削し、後者がグレート・ウーズ川に合流する地点、デンヴァーに水門を築いた。これが1713年の洪水で倒壊した後、技師ジョン・レニー（1761-1821年）がマイターゲート付き閘門4基からなるデンヴァー水門（1834年、p.023）を建設した。1923年には、「ビッグ・アイ」と呼ばれる幅35フィートの引揚式閘門が付加され、また既存4閘門「リトル・アイズ」の1門も引揚式に変えられた。

揚水用風車は、1800年代には当地で約800基を数えたと言われているが、それが蒸気機関に代替されていった。グレート・ウーズ川沿い、ストレサム・オールド・エンジン（1831年、pp.024-025）はその内の1つで、複動ビーム機関が直径37フィート2インチという巨大揚水車を駆動していた。

デンヴァー水門に至る道沿いに建つデンヴァー風車（1835年、p.026-027）は製粉用風車で、煉瓦造6階建の塔に4枚羽根の風車を載せ、その回転を鉛直軸方向の回転に変えて、3基の石臼を回す。ウィザム川流域の航行兼用排水路も、ジョン・レニーの計画によるものであるが、そこにも19世紀の製粉用風車が残されている。モード・フォスター排水路沿いのモード・フォスター風車（1819年、pp.028-029）は煉瓦造7階建の塔に5枚羽根の風車を載せたもの、トレーダー・バンク沿いのシブジー・トレーダー風車（1877年、pp.030-031）は煉瓦造6階建の塔に6枚羽根の風車を載せたもので、タール仕上げの黒い塔とペンキ塗りの白い羽根とが鮮やかな対比を見せている。

2 │ 防波堤とドック

●凸なる防波堤

*I. Wallerstein, *The Modern World-System: Capitalist Agriculture and the Origins of the European World-economy in the Sixteenth Century*, Academic Press, 1974.（I. ウォーラーステイン『近代世界システム─農業資本主義と「ヨーロッパ世界経済」の成立』岩波書店、1981年）

*川北稔『イギリス─繁栄のあとさき』ダイヤモンド社、1995年／講談社、2014年

ウォーラーステイン『近代世界システム』（1974年）* を訳した歴史家・川北稔は、その近代世界システム論を基づいて、「奴隷貿易と砂糖貿易の港町リヴァプールが副業的に行っていた綿花輸入と綿布輸出が、マンチェスターの綿工業を発展させたのであり、その反対ではない」、総じて「大英帝国は工業化の産物ではなく、大英帝国こそが産業革命の前提だったのである」* と言う。すなわち、17〜18世紀におけるイギリスの海上制覇と植民地取得により、製品を生産するための原材料と製品を消費するための巨大市場が確保され、その経済的な必要を満たすべく、技術革新が矢継ぎ早になされたのである。初

期の技師たちが、原材料、製品、燃料を国内外に流通させるため、内陸航路たる運河のみならず、沿岸・外洋航路の拠点たる港湾整備に携わったのも、蓋し当然のことであった。

　防波堤は、「地」を凸に突き出し、「水」を押し留めるものである。イギリス初の近代的防波堤、プリマス港防波堤（1812−1841年）の建設に際し、ジョン・レニーは、石灰石の割栗を沈め、堤体が安定した形になったところで、花崗岩をセメントで固着した堤頂を築いた。テルフォードは、スコットランドのアバディーン港（1810−16年）で、ジョン・スミートンによる全長1200フィートの北埠頭（1775−81年）をさらに900フィート余り延長するとともに、全長800フィートの南防波堤を付け加えた。しかもその築堤には、線路上を動く2台のクレーンによる傾斜積み工法を採用したのである［図7］。

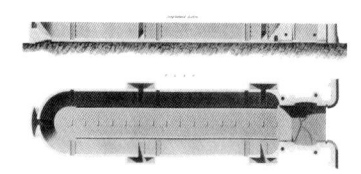

[図7] アバディーン港・防波堤、アバディーン、スコットランド、トマス・テルフォード設計、1810−16年

●凹なるドック：ウェットドックとドライドック

　テルフォードはまた、スコットランドのダンディー港（1814−34年）で、ウェットドックとドライドック［図8］を建造した。「地」を凹に窪ませ、「水」を引き入れるという点では変わりがないが、ウェットドックはゲートを閉めて水を一定の水位に保ち、その船溜りに係留した船から貨物を積み下ろしするもの、ドライドックはゲートを閉めた後排水して、船の建造、修理を行うものである。前者が複数の船が集う水の広場であるとすれば、後者はさしずめ船の雄型をすっぽりと収める水の「チューブ」と言えようが、すべての水を排水してしまう点では運河の閘門とは異なっている。ダンディー港のドライドックは石造階段状擁壁を巡らせたもので、当時、最良と評された。

[図8] ダンディー港・ドライドック、ダンディー、スコットランド、トマス・テルフォード設計、1814−34年

　ロンドン港、テムズ川北岸では、ウィリアム・ジェソップによる西インド・ドック（1802年）、ジョン・レニーによるロンドン・ドック（1805年）、ラルフ・ウォーカー（1749−1824年）による東インド・ドック（1808年）が相次いで建造された。その約20年後、テルフォードが建てたセントキャサリン・ドック（1829年、pp.032−033）では、荷役動線を短縮すべく、東西2つのドックの四辺を取り囲むように倉庫が配置され、西洋の伝統的な広場と同様、建物によって「図」として限定された水の広場が形作られている。フィリップ・ハードウィック（1792−1870年）による倉庫は6階建、内部は鋳鉄製柱−梁が煉瓦造ヴォールト天井＊と木製床を支持しているが、外観では鋳鉄製トスカナ式円柱＊が上階の黄褐色煉瓦壁を持ち上げている。

　リヴァプール港でも、オールド・ドック（1715年）以来、マージー川東岸に次々とドックが建設されたが、とりわけ技師ジェシー・ハートレー（1780−1860年）によるアルバート・ドック（1841−45年、pp.034−035）が名高い。ここでは、先例セントキャサリン・ドックに倣い、ドック四周を取り囲むように倉庫が配置されている。倉庫は5階建、当時最先端の耐火構造物で、鋳鉄製柱−梁が煉瓦造ヴォールト天井とタイル貼りの床を支え、錬鉄製トラスの小屋組に亜鉛引き鉄板屋根が葺かれている。外観を見ると、1階に巡らされた鋳鉄製ドリス式列柱廊＊は、セントキャサリン・ドックと同様であるが、それが扁平大アーチで分

＊ヴォールト（vault）：アーチを奥行方向に押し出した天井をヴォールト（vault）、あるいは桶型ヴォールト（barrel vault）といい、2つのヴォールトを直交させたものを交差ヴォールト（cross vault）という。

＊トスカナ式（Tuscan）／円柱（column）：古代ギリシャ・ローマ建築を範とする古典建築で用いられた5つのオーダー（Order、柱−梁の総称）──トスカナ式、ドリス式、イオニア式、コリント式、コンポジット（複合）式──の1つ。ドリス式と同様、ずんぐりとしたプロポーションを持ち、柱頭（capital）は円板（echinus）と平板（abacus）から成るが、柱身（shaft）には縦溝（fluting）がなく、柱基（base）がある。古典建築では、柱は円柱（column）を基本とし、梁はエンタブラチュア（entablature）と呼ばれる。

＊ドリス式（Doric）／列柱廊（colonnade）：古典建築の5つのオーダーの一つ。柱頭は円板と平板から成り、柱身は縦溝がつき、柱基がない。円柱の並びを列柱廊あるいはコロネード（colonnade）という。

[図9] タイン・ドック、ジャロウ、タイン・アンド・ウィア、1859年

節された赤煉瓦と赤砂岩の壁を支えているため、全く違った印象を受ける。1846年の開業後、フィリップ・ハードウィックによる事務所（1847年）が付加され、さらに世界初の貨物用水圧ホイストが導入された。

　ニューカッスルの東、タイン川河口付近の北岸にはタイン改良委員会（1850年設立）によるノーザンバーランド・ドック（1857年開業）とアルバート・エドワード・ドック（1884年）、南岸にはノース・イースタン鉄道によるタイン・ドック（1859年開業、図9）が次々と建設されたが、これらは近在の炭鉱から鉄道で運搬されてきた石炭を積み出すためのドックであった。わけてもタイン・ドックでは、石炭を貨車から直接運搬船に下ろせるよう、ドック水面上まで木造の高架鉄道線が引き込まれており、それが「タイン・ドック・アーチ」の勇名を馳せていた。最盛期の1908年には、ここから年間750万トンの石炭が積み出されたという。こうした石炭積み出し専用ドックは跡形もないが、唯一、A&Pタインのドライドック（pp.036-037）のみが操業し、昔日の造船業の繁栄を今に伝えている。

3 ｜ 灯台

●石組工法の開発

　灯台は沿岸を航行する船に対する道標、シーマークの一つであり、ランドマークと同様、遠くからでも視認できるような塔、つまり垂直の「チューブ」として作られる。

[図10] エディストーン灯台、立面図・断面図、プリマス湾南南西、ジョン・スミートン設計、1759年

＊蟻継ぎ(dovetail joint)：一方の部材端部に蟻形の凸部、他方に同形の凹部をとって接合する方法
＊ダボ(dowel)：部材接合部でのずれを防ぐため部材間に挿入される小片
＊モルタル(mortar)：結合硬化材（セメント、消石灰等）と細粒の骨材（砂）を水で練り合わせたもの。水硬性石灰モルタルとは、結合材として水和物（酸化カルシウム、二酸化珪素等）を含有した消石灰を用いたモルタルをいう。

　最初の近代的灯台は、ジョン・スミートンによるエディストーン灯台（1759年、図10）である。プリマス湾から南南西12マイル付近にあるエディストーン岩礁はイギリス海峡の難所で、古くから灯台が築かれてきた。初代（1698年）は、十二角形平面の木造石貼りの塔に八角平面の明り塔を載せたもの、二代目（1709年）は、煉瓦造のコア周りに円錐形の木構造を巡らせたもの、三代目がジョン・スミートンによる石造の塔で、高さ72フィート、底部直径25フィートから頂部に向かって先細りする円筒形をなす。スミートンは、複雑な形状にカットしたポートランド石（外壁のみ花崗岩）を蟻継ぎ＊し、その上下をオークの木釘と大理石のダボ＊で繋ぎ、さらに水硬性石灰モルタル＊で固めるという工法を用い、オークの樹形に倣って全体形を作り上げた。しかし、この三代目は岩礁そのものの浸食により倒壊の恐れが出てきたために、プリマス・ホウに移設、代わりに、イングランドその他の灯台を管理するトリニティ・ハウスの主任技師ジェームズ・ニコラス・ダグラス（1826–98年）によって四代目（1882年）の灯台が新築された。

　テイ湾にほど近いベル・ロック岩礁は北海の難所の一つで、そこに現存する最古の灯台、ベル・ロック灯台（1811年、図11）が立つ。スコットランドとマン島の灯台を管理するノーザン・ライトハウス・ボードは、ジョン・レニーを主任技師とし、グラスゴー出身の同委員会技師ロバート・スティーヴンソン（1772–

[図11] ベル・ロック灯台、テイ湾東、スコットランド、ロバート・スティーヴンソン設計、1811年

1850年）——有名な大技師と同姓同名だが、全くの別人である——を助手に付けて、ベル・ロック灯台を建設した。スミートンの石組工法を発展させ、水平方向の蟻継ぎを増やしてモルタルを不要にしたことは、レニーの功績である。逆に木造杭上に高床の現場小屋を建設したこと、岩礁上に線路を敷設してトロッコで石材を運び、それをバランス式クレーンで引き揚げたことなど、施工法の考案はスティーヴンソンに帰せられている。ともあれ、この高さ115フィート、底部直径42フィート、頂部直径15フィート、先細り円筒形の塔端から、赤白交互に色を変えて回転する灯光が発せられたのである。

●対をなす灯台

通行が難しい水道、狭い湾口などで航路を示すために、航路延長線上の陸地に2基の灯台が設置される場合がある。これを導灯と呼ぶが（ちなみに灯光を発しないものを導標と呼んで区別する）、山当て*の山を灯台に置き換えたものと見てよかろう。すなわち、船から低い塔（前灯）と高い塔（後灯）の光が上下に並んで見えるようにすれば、安全な航路に導かれるという仕掛けである。

イースト・アングリア、ハリッジ湾口付近には、歴代の導標、導灯を見ることができる。ウォルトン・オン・ザ・ネーズ標識塔（1720年、pp.038-039）は、高さ90フィート、八角形平面、煉瓦造の高塔で、角から立ち上がる控壁*が垂直性を引き立てている。これは、近くにあるウォルトン・ホール標識塔と対になった導「標」で、浅瀬内の安全な航路を示していた。ハリッジ灯台（1818年）はハリッジ湾に入る航路を示す導「灯」で、ロンドン・ドック社やトリニティ・ハウスに関わっていた技師ジョン・レニーと建築家ダニエル・アッシャー・アレクサンダー（1768-1846年）の共同設計によるものである。高い塔（pp.040-041）は、高さ90フィート、九角形平面、宝形屋根を戴く灰色煉瓦造の塔で、石造水平帯によって分節された煉瓦壁に、3階窓上部の深い庇が陰を落としている。低い塔（pp.042-043）は、高さ45フィート、十角形平面、煉瓦造の塔である。

ハリッジ湾に入る航路変更に伴い、ハリッジ灯台に代わる導灯としてドーヴァーコート灯台（1863年、p.044）が建てられた。アイルランドで煉瓦製造業と建設業を営むアレクサンダー・ミッチェル（1780-1868年）は、砂浜や沼地などの軟弱地盤に錬鉄製ネジ式杭を打ち込み、その上に鋳鉄管の柱を立てた高床式灯台を考案、1833年に特許を取得していた。トリニティ・ハウスの主任技師ジェームズ・ウォーカー（1781-1862年）は数々の灯台を手掛けたが、ここドーヴァーコートで上記ネジ式杭・鉄骨造を採用した。高い塔は高さ56フィート、筋交*で補強された6本の鋳鉄管上に六角形平面の明り塔を戴く。低い塔は高さ41.5フィートの同型である。

テイポート灯台（1823年）はテイ湾からダンディー港に進む航路を示す導灯で、ロバート・スティーヴンソンによって建てられた。高い塔（西塔、p.045）は、後に高さ79フィートまで増築され、バルコニーも付加された白塗りの塔、対する低い塔（東塔）は、石造外壁をそのまま露出させている。

*山当て：海上の船が沿岸部の山や島を目印とし、複数の目標を同一線上に重ねたり、複数の線の交点を求めたりして、位置や方向を確認すること

*控壁（buttress）：壁にかかる側圧を受け止めるため、壁から突き出して設けられる補強用の壁

*筋交（brace）：風や地震の水平力による変形を防止するため、四辺形の軸組に対角線状に入れた補強材

ワトフォード閘門、ノーザンプトンシャー、1814年―――Watford Locks, Nothamptonshire
グランド・ユニオン運河・レスター支線にある7段の階段形閘門

ワトフォード閘門、閘門の並び
重力に抗して「船、山に登る」

フォクストン閘門、レスターシャー、1814年————Foxton Locks, Leicestershire
グランド・ユニオン運河・レスター支線にある5段の階段形閘門。かつての荷船、ナロウ・ボートが今ではレジャーに供されている。

リーウッド・ポンプハウス、クロムフォード近郊、ダービーシャー、1849年―――Leawood Pump House, nr. Cromford, Derbyshire
ダーウェント川から揚水してクロムフォード運河に給水する。

デンヴァー水門、ノーフォーク、1834年───Denver Sluce, Norfolk
フェンと呼ばれる低湿地を守るため、グレート・ウーズ川の水量を最終調整する水門

ストレサム・オールド・エンジン、ケンブリッジシャー、1831年―――Stretham Old Engine, Cambridgeshire(p.024)
低湿地は常時排水する必要があり、その揚水車を駆動させる蒸気機関を収める。

ストレサム・オールド・エンジン、主屋(p.025)
手前から順にボイラー室、機関室、水車室が並び、奥に煙突が聳える。

デンヴァー風車、ノーフォーク、1835年————Denver Windmill, Norfolk
19世紀になっても、伝統的な技術や素材・構法で製粉用風車は作られ続けた。

モード・フォスター風車、ボストン、リンカーンシャー、1819年―――Maud Foster Windmill, Boston, Lincolnshire
モード・フォスター排水路沿いの製粉用風車。排水路は運河を兼ねており、そこから穀物が運ばれてきた。

シブジー・トレーダー風車、シブジー、リンカーンシャー、1877年―――Sibsey Trader Windmill, Sibsey, Lincolnshire
水平に続く低湿地と垂直に聳える塔状風車。灌漑技術の輸入元、オランダの農村風景を思わせる。

セント・キャサリン・ドック、タワー・ハムレッツ、ロンドン／トマス・テルフォード設計、1829年———
St. Katharine Dock, Tower Hamlets, London
ドック四辺が倉庫（フィリップ・ハードウィック設計）で取り囲まれた「水」の広場

アルバート・ドック、リヴァプール、マージーサイド／ジェシー・ハートレー設計、1841–45年―――Albert Dock, Liverpool, Merseyside
倉庫（フィリップ・ハードウィック設計）は当時の耐火建築で、鋳鉄製の列柱廊が煉瓦造の上階を支える。

A & P タイン・ドライドック、ヘブバーン、タイン・アンド・ウィア────A & P Tyne, Dry Dock, Hebburn, Tyne and Wear
かつてタイン河口を賑わせていた石炭積み出し専用ドックは跡形もなく、造船用ドライドックだけが残されている。

ウォルトン・オン・ザ・ネーズ標識塔、エセックス、1720年━━━Walton-on-the-Naze Beacon, Essex
ハリッジ湾に船を安全に誘導すべく設けられた導標

ハリッジ灯台·高い塔、エセックス／ジョン·レニー、ダニエル·アッシャー·アレクサンダー設計、1818年―――Harwich High Lighthouse, Essex
「対」をなす灯台では、高い塔と低い塔が重なる線が安全な航路を示す。高い塔は、九角形平面、煉瓦造の塔（高さ90フィート）である。

ハリッジ灯台・低い塔、エセックス／ジェシー・レニー、ダニエル・アッシャー・アレクサンダー設計、1818年―――Harwich Low Lighthouse, Essex
低い塔は、十角形平面、同じく煉瓦造の塔（高さ45フィート）である。

ドーヴァーコート灯台、ケント／ジェームズ・ウォーカー設計、1863年―――Dovercourt Lighthouse, Kent
錬鉄製ネジ式杭上に鋳鉄製骨組を組み上げた高床式灯台

テイポート灯台・高い塔、ファイフ、スコットランド／ロバート・スティーヴンソン設計、1823年———Tayport High Lighthouse, Fife, Scotland
高い塔は、石造・白色モルタル仕上げで、高く増築された継目が残されている。

III

交通基盤：陸路

1 ｜ 道路

●有料道路の建設と道路工法の改良

　イギリスでは、1776年の道路法に従来の有料道路法が組み込まれたため、有料道路の建設が盛んとなり、1829年までに、3783の道路会社により約2万マイルにわたる有料道路が建設された。運河狂時代とほぼ同時期に、運河と同様、有料の道路がイギリス全土に張り巡らされたことになる。

　ロンドンからウェールズ北西端の港町ホリーヘッドを経由してダブリンに至るルートが、1784年に制定された郵便馬車のルートとなった。ロンドン―ホリーヘッド道路は33の有料道路会社によって運営されていたが、技師トマス・テルフォードは、フランス人ピエール・トレサゲ（1716−94年）の工法を参照し、水平路床上に大きな石を手敷きした上に、小石を6インチの厚さに敷きならす工法を用いて［図12］、シュルーズベリー―ホリーヘッド間を整備し、さらにその道路の一部としてメナイ海峡に主スパン579フィートの吊橋、メナイ橋（後述）を架けた。またスコットランドでも、ウェード将軍が建設していた軍用道路をこの工法で整備し直した。

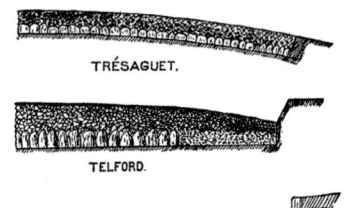

[図12] トレサゲ、テルフォード、マカダムによる道路断面

　テルフォードの道路は比較的高価についたのに対し、ジョン・マカダム（1756−1836年）は、水が路床まで浸水せず、その支持力を破壊しなければ良いと考え、土の路盤上に直径2インチ以下、重さ6オンス以下の手割り石を10インチの厚さに散布するという安価な工法を考案、それがマカダム舗装として広く普及した。

　ロンドンでは、ロンドン大火（1666年）後に、中央の開渠*に向かって傾斜した粗石舗装の細街路が禁止されたものの、街路を再編することができなかった。それに対しウェストミンスターでは、1765年に大規模な街路改良が行われ、車道と両側の一段高くなった歩道を共に石で舗装した街路が作られた。テルフォードは、厚さ12インチの路盤を幅4.5インチ、長さ7.5インチ、厚さ7インチ以上の花崗岩で舗装した街路を推奨しており、それが1825年にロンドンで施工された。また1840年にはブラックフライアーズ橋（後述）に3インチ×9インチの花崗岩貼り・モルタル目地の舗装が施された。

*開渠：上部に蓋をしていない水路。反対に、蓋をしたり、地下に埋設したりした水路を暗渠という。

　しかし鉄道の急速な普及により、都市間の主たる陸運は道路から鉄道に取って代わられた。道路の構造と工法がドラスティックに改変されるのは、その上を往来する乗物が馬車から自動車に代わる時を待たねばならなかった。

2 | 鉄道

●「鉄道の父」ジョージ・スティーヴンソン

　ジョージ・スティーヴンソンは常々「鉄道の父」と呼ばれているが、彼が鉄道すべてを一から作り上げたのではなかった。彼の生地、ニューカッスル近郊ワイラム炭坑では、すでに1805年にはトレヴィシックの蒸気機関車を走らせていた。同じくニューカッスル近郊にあるキリングワース炭坑の技師となったスティーヴンソンは、それを参照しながら、1814年に同炭坑用の機関車ブルチャー号を製作した。さらにビショップ・オークランド周辺の炭坑から産する石炭をダーリング経由でティーズ川沿いの積出港ストックトンまで運ぶストックトン＆ダーリング鉄道の建設に参画、息子ロバート・スティーヴンソン（1803–1859年）の名を冠した「ロバート・スティーヴンソン社」（1823年創設）で同鉄道用の蒸気機関車ロコモーション号を製作した。これは、横置円筒形ボイラー内に垂直配置したシリンダー2基と2対の動輪を連接棒で結んだもので、1825年のストックトン＆ダーリング鉄道開通時には、90トンの石炭車や客車を引いて時速8マイルで走行した。この世界初の鉄道で使われた蒸気機関車名が、'locomotive'（機関車）の語源となったのである。

　綿紡績業の中心地マンチェスターと貿易港リヴァプールとの間の綿花・綿製品の輸送には、ブリッジウォーター運河が用いられたが、高料金のため利用者の不評を買っていた。そこで両市間に鉄道を通す計画が持ち上がり、1826年にはジョージ・スティーヴンソンを技師長として、リヴァプール側のワッピング貨物駅からマンチェスター側のリヴァプール・ロード駅に至る鉄道の敷設が開始された。また1829年には途中のレインヒルで蒸気機関車の試走会が行われ、ジョージおよびロバート・スティーヴンソン設計の蒸気機関車ロケット号［図13］が圧勝した。これは、シリンダーをボイラー横に斜めに取り付け、ピストンの運動を主連棒とクランクで直接動輪に伝えるとともに、ボイラー内に煙管を通して熱効率を向上させたもので、1830年のリヴァプール＆マンチェスター鉄道開業時には、改良版ノーザンブリアン号ともども披露された。そしてこのリヴァプール＆マンチェスター鉄道の技術的・商業的成功が、以後の「鉄道狂」時代の幕開けを告げたのである。

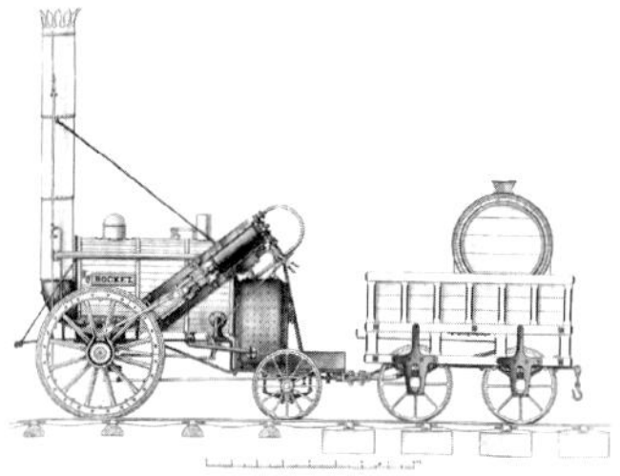

[図13] ロケット号、ジョージおよびロバート・スティーヴンソン設計、1829年

●ロバート・スティーヴンソンとロンドン＆バーミンガム鉄道

　リヴァプール＆マンチェスター鉄道は、中間駅ニュートンから南下する支線とグランド・ジャンクション鉄道によりバーミンガムと結ばれたが、それをロンドンまで延伸しようという計画が持ち上がった。ロンドン＆バーミンガム鉄道は、ランカシャーの綿紡績・綿織物業者の出資により1833年に設立され、技師長にロバート・スティーヴンソンを迎えて直ちに着工した。彼は、クイックサンド*に見舞われた難工事キルスビー・トンネルを掘り抜き、その入口にはマチコレーション*、換気用立坑にはバトルメント*といった城郭様式の要素をあしらっ

*クイックサンド（quick sand）：砂や粘土が上昇浸透水によって液状になる現象
*マチコレーション（machicolation）：張り出し狭間。城郭建築では壁を登ってくる敵に対して石や熱湯等を落とすため、持送りによって上階を張り出し、その持送り間の床に開口部を開けた。
*バトルメント（battlement）：狭間胸壁。射手が矢を射たり、矢を避けたりするために、城郭や城壁の最上部に設けられた凹凸状の壁

* イオニア式(Ionic)：古典建築の5つのオーダーの1つ。柱頭がヴォルート (volute) と呼ばれる渦巻形で形作られている。
* ペディメント(pediment)：古典建築においてエンタブラチュア (=梁) で支持された三角形の切妻面。日本建築の破風に相当する。

[図14] ユーストン駅、ユーストン・アーチ、ロンドン、フィリップ・ハードウィック設計、1837年

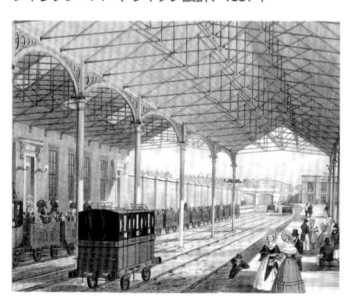

[図15] ユーストン駅、トレイン・シェッド、ロンドン、ロバート・スティーヴンソン設計、1837年

* イタリア・ルネサンス様式(Italian Renaissance style)：15世紀のイタリアに興った文芸復興運動=ルネサンスで復興された、古代ローマ建築を範とする古典建築様式
* 格天井(coffered ceiling)：枠を縦横等間隔に通し、正方形の格間 (coffer) に区切った天井

た。またトリングの丘陵地では、ナヴィー (工夫) の人力だけで全長2.5マイル、深さ40フィートの切通しを貫通させた。

　ロンドン&バーミンガム鉄道は工事未完のまま1837年に開業した。バーミンガム側のターミナル、カーゾン・ストリート駅 (1842年) はフィリップ・ハードウィック設計、駅本屋は正面にイオニア式*円柱を立てた石造3階建の建物で、両側にプラットフォームに至るアーチウェイが計画されたが、実現されなかった。ロンドン側では、かつてトレヴィシックが蒸気機関車の興行を行ったユーストンにターミナルが建設された。ユーストン駅 (1837年) も同じくハードウィック設計、アテネ、アクロポリスの入口、プロピライアを模し、ドリス式円柱でペディメント*を支えた石造門を中心とした複合建築であった。この「ユーストン・アーチ」[図14]と通称された門を入った右手が駅本屋で、そこから出発プラットフォームに入り、逆に隣の到着プラットフォームから門右手に設けられた1対の付属屋間を通って出ていく。プラットフォーム上のトレイン・シェッド[図15]はロバート・スティーヴンソン設計で、スパン40フィート、圧延錬鉄材を圧縮材に用いたトラス屋根2列を鋳鉄柱が支える。また「ユーストン・アーチ」の前には、ハードウィックの設計で1対のホテル (1939年) ——ユーストン・ホテルとヴィクトリア・ホテル——が建てられた。ロンドン&バーミンガム鉄道は、1846年にリヴァプール&マンチェスター鉄道、グランド・ジャンクション鉄道と合併、ロンドン&ノースウェスタン鉄道となった。合併後、「ユーストン・アーチ」の奥に、息子フィリップ・チャールズ・ハードウィック (1822-92年) の手でイタリア・ルネサンス様式*の大ホール (1849年) が建てられたが、その高さ64フィート、格天井*張りの吹抜けはむしろ古代ローマ建築の壮大さを偲ばせるものであった。

● イザムバード・キングダム・ブルネルとグレート・ウェスタン鉄道

　ロバート・スティーヴンソンと並び称される大技師、イザムバード・キングダム・ブルネル (1806-59年) は、フランス革命の難を逃れて亡命してきたフランス人技師マーク・ブルネル (1769-1849年) の息子で、トレヴィシックの失敗後、父が請け負ったテムズ・トンネル (1843年) の工事監督を手伝った後、1831年にはクリフトン吊橋 (後述) 競技設計に勝利、翌年にはブリストル港改良計画に参画した。そしてそのブリストル人脈を通じて、1835年からグレート・ウェスタン鉄道技師長に就任、その建設を主導していった。

　ブルネルは、スティーヴンソンの標準軌4フィート8.5インチ (1435mm) に対して、広軌7フィート1/4インチ (2140mm) を採用し、また長手方向の連続枕木上に中空のブリッジ・レールを敷く独特の軌道構造も考案した。またロバート・スティーヴンソン社で修業をした技師ダニエル・グーチ (1816-89年) を迎え入れ、広軌用蒸気機関車ノース・スター号を作らせて、1838年に開業したメイドンヘッド—ロンドン間を走らせた。さらにブルネルはグーチに、前輪4、動輪2、後輪2という4-2-2型で、動輪が8フィートもある広軌用蒸気機関車グレート・ウェスタン号 (1846年) を作らせ、100トンを牽引させて平均時速59マイルで走らせることに成功した。しかし、いわゆる「ゲージ戦争」には敗北し、

1846年の軌間法で標準軌4フィート8.5インチ以外の鉄道建設は禁止され、グレート・ウェスタン鉄道の広軌も1892年には姿を消すことになる。

　テムズ川に架かるメイデンヘッド橋（1839年）は、スパン128フィート、迫高*わずか24フィートしかない煉瓦造2連偏平アーチ橋で、J.M.W.ターナー（1775−1851年）の名画「雨、蒸気、速度—グレート・ウェスタン鉄道」（1844年、**図16**）に描かれたことで知られている。激しく降り注ぐ雨に、疾走する蒸気機関車が上げる蒸気と煙が混じり合い、自然と人工の運動が交錯する。大気が変わりゆき、蒸気機関車がゆき過ぎていく刹那が、盤石不動の石造橋上で見事にとらえられている。これ以上に難工事であった全長9600フィートのボックス・トンネル（1841年）の完成をもって、ブリストル—ロンドン間全線が開通を迎えた。

　ブリストル・ターミナル、初代テンプル・ミーズ駅（1840年）のトレイン・シェッドはブルネルの設計、スパン74フィートの木造扁平尖頭アーチ*がペンダント*付きハンマービーム*で補強され、鋳鉄柱で支持されていた。正面側の駅本屋は煉瓦造・石貼り、バトルメント付き小塔をもつ城郭様式であった。現存テンプル・ミーズ駅（1878年）のトレイン・シェッド［**図17**］は、建築家マシュー・ディグビー・ワイアット（1820−77年）と技師フランシス・フォックス（1844−1927年）の設計、スパン125フィート、尖頭アーチと引張材を束で結合した張弦梁構造*の屋根が、軌道に沿って湾曲している。現存正面［**図18**］も城郭様式で、中央にバトルメントとピナクル*の付いた時計塔が聳え立つ。

　ロンドン・ターミナル、初代パディントン駅（1838年）は、木造キングポスト*の屋根を鋳鉄柱が支えたトレイン・シェッド、3連大半円アーチを連ねた正面をもつ仮駅であった。ブルネルが建築家のマシュー・ディグビー・ワイアット、『装飾の文法』（1856年）を著した建築家・デザイナーのオーエン・ジョーンズ（1809−74年）と共同して作り上げた現パディントン駅（1854年、pp.066−069）のトレイン・シェッドは、1本の身廊*（スパン102フィート）と2本の側廊*（スパン70フィートと68フィート）に袖廊*（スパン50フィート）2本が直交する長堂式*教会平面をもつ。鋳鉄製八角柱が錬鉄製扁平アーチのリブ*を支え、その上方、畝状のガラス屋根から燦々と陽光が降り注ぐ。そこに老若男女が集い、蒸気機関車の水と火の儀式が執り行われるのであれば、これを新たな大聖堂と言うべきか。陽光が、かたやアーチのリブに付けられたヤシの葉のようなレリーフを照らしては南国の熱帯林を彷彿させ、かたやリブ頂部にうがたれた小さな穴を輝かせては星空を想起させるのであれば、これを人工の自然と言うべきか。駅本屋は西側面、出発プラットフォーム側に配され、正面側には、フィリップ・チャールズ・ハードウィック設計、イタリア・ルネサンス様式にジャコビアン様式*の塔、ルイ14世様式*のマンサード屋根*を加えたグレート・ウェスタン・ホテル（1854年）が建てられた。

●鉄道各社のロンドン・ターミナル

　イギリス各地の炭坑、工業都市、積出港から発したすべての鉄道は、首都ロンドンを目指して伸びてゆき、受け皿となるロンドン・ターミナルは、大きな

*迫高（rise）：アーチ内輪で迫元（起点）から迫頭（頂点）までの高さ。ライズともいう。

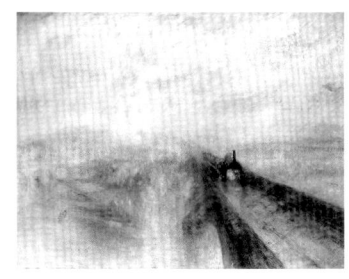

［**図16**］「雨、蒸気、速度—グレート・ウェスタン鉄道」、J.M.W.ターナー画、1844年

*尖頭アーチ（pointed arch）：ゴシック建築で採用された、スパンの半分以上の半径をもつ2つの円弧で作られた先端の尖ったアーチ
*ペンダント（pendant）：垂れ飾り
*ハンマービーム（hammerbeam）：イギリスの中世木造建築には、両側の壁頂部から片持ち梁を水平に突き出し、その上に束と尖頭アーチを立て、垂木を支える小屋組があり、この梁が金槌に似ていることからハンマービームと称される。

［**図17**］テンプル・ミーズ駅、トレイン・シェッド、ブリストル、マシュー・ディグビー・ワイアット、フランシス・フォックス設計、1878年

*張弦梁構造（beam string structure）：圧縮材（梁）と引張材とを束材を介して結合した混合構造

［**図18**］テンプル・ミーズ駅、正面、ブリストル、マシュー・ディグビー・ワイアット設計、1878年

*ピナクル（pinnacle）：ゴシック建築の控壁頂部等に付けられた小さい尖塔
*キングポスト（king post）：梁中央に立てたキングポスト（＝真束）で両側の垂木を支持する小屋組。線材を三角形に繋いだ構造がトラス（truss）であり、この最も単純なトラスをキングポスト・トラスという。
*身廊（naive）／側廊（aisle）／袖廊（transept）：キリスト教長堂式教会の平面はラテン十字形をとるのが一般的で、長軸中央部を身廊、両側部を側廊、それに直交する短軸部を袖廊と呼ぶ。
*長堂式（basilica）：古代ローマでは、多目的公共建築であるバシリカの細長い長方形平面が、妻入りに変えられて、キリスト教教会に応用された。これをバシリカ式もしくは長堂式として、集中式（centralized）と区別する。

＊リブ（rib）：肋材。アーチを奥行方向に押し出した天井がヴォールト（vault）、2つのヴォールトを直交交差させたものが交差ヴォールト（cross vault）であり、交差ヴォールトの稜線下にリブを架け渡し、補強したものをリブ・ヴォールトという。

＊ジャコビアン様式（Jacobean style）：イングランドのジェームズI世（在位1603−25年）時代の建築様式。イタリア・ルネサンスで復興された古典建築要素、円柱、付柱（pilaster）、半円アーチ等が、オランダ、フランスの出版物を通して間接的に導入され、装飾的に用いられた。

＊ルイ14世様式（Louis XIV style）：ルイ14世（在位1643−1715年）時代のフランス・バロック様式。建築家ル・ヴォー、アルドアン・マンサールが増築したヴェルサイユ宮殿、また造園家ル・ノートルが設計したヴェルサイユ庭園を代表例とする。

＊マンサード屋根（Mansard roof）：下部を急勾配、上部を緩勾配とする腰折屋根で、フランス・バロック様式の建築家フランソワ・マンサールの考案とされることから、その名が付けられた。

＊頭端式（stub-type）：線路を行き止まりとし、その先でプラットフォーム端部を繋ぐ方式

＊集成材（laminated wood）：木板を、繊維方向を長さ方向として接着、積層したもので、曲線部材や大断面部材を作ることができる。

＊ストック煉瓦（stock brick）：地元産黄褐色の土を用いるため、黄色あるいは褐色に見える煉瓦

＊イタリア様式（Italianate style）：イタリア・ルネサンス様式の古典建築要素をピクチュアレスク美学に則って再構成したもの

＊ラチス・トラス（lattice truss）：上弦と下弦をラチス（＝菱格子）で繋いだトラス
＊ピン（pin）：回転が自由で、曲げモーメントが生じない部材の節点で、ヒンジ（hinge）ともいう。3ピン・アーチとは、アーチの支点と頂点をピン節点とするもので、大スパンに架け渡すことができる。

敷地が得られる既成市街地周縁部に、軌道が行き止まる頭端式＊で建てられた。ユーストン駅に見られるように、当初のターミナル駅では、プラットフォーム上のトレイン・シェッド、正面、駅本屋、ホテルが別々の建物として建てられたが、やがてプラットフォーム数が増え、出発・到着の区別がなくなるにつれ、駅本屋が正面側にとられるようになり、さらにはホテルも合築されるようになる。トレイン・シェッドは、技師が鉄とガラスという新しい素材・構法を使って作り上げた田園に向けての顔となる。逆に駅本屋やホテルを含む正面は、建築家が煉瓦や石という古い素材・構法を使って作り上げた都市に向けての顔となる。こうしてターミナル駅は、都市—田園の境界に位置し、ヤヌスのごとく全く異なる2つの顔をもち、それが無理やりに接木された巨大構造物となる。

ヨーク—ロンドン間を本線とするグレート・ノーザン鉄道（1846年創設）のロンドン・ターミナル、キングズ・クロス駅（1852年、pp.070−071）は、ロンドン天然痘病院跡地に建ち、同社技師ウィリアム・キュビット（1785−1861年）と息子ジョゼフ・キュビット（1811−72年）の下で、建築家ルイス・キュビット（1799−1883年）が設計したものである。当初のトレイン・シェッドは、集成材＊を曲げ加工した半円アーチ（スパン105フィート）をストック煉瓦＊壁に差し掛け、それを奥行方向に並べた全長800フィートのヴォールト屋根2本から成るが、1887年に錬鉄製半円アーチに取り換えられた。正面も同じくストック煉瓦造、イタリア様式＊で、出発・到着プラットフォーム上のヴォールト屋根断面をそのまま表わした2連半円アーチの開口部をもち、その間からイタリアの鐘楼を思わせる時計塔が聳え立つ。ヴィクトリア朝の美術・建築評論家、ジョン・ラスキン（1819−1900年）は、『建築の七燈』（1849年）の中で「鉄道建築は、その仕事だけをさせておけば、それ自身の威厳を持つし、持つことになろう」と述べたが、後世のジョン・ベッチマン（1906−84年）やニコラウス・ペヴスナー（1902−83年）もその見方を取って、キングズ・クロス駅の簡素な正面を評価している。

唯一、装飾的な時計塔には注釈が必要だろう。かつては都市ごとにそれぞれ独自の時間が設定され、それが市庁舎の鐘楼や時計塔で市民に伝えられていたのだが、鉄道旅行が普及するにつれ、都市ごとに違っていた時間が統一されていく。これが鉄道時間と呼ばれ、駅の時計塔で公示されたのである。駅本屋は西の出発プラットフォーム側に配され、その隣に三日月形平面、古典様式をもつグレート・ノーザン・ホテル（1854年）が同じくルイス・キュビットの設計で建てられた。

その西隣、セント・パンクラス旧教会墓地跡地に建てられたのが、鉄道王ジョージ・ハドソン（1800−71年）率いるミッドランド鉄道（1844年創設）のロンドン・ターミナル、セント・パンクラス駅（1868年）である。トレイン・シェッド（p.072）は、同社技師ウィリアム・ヘンリー・バーロウ（1812−1902年）がローランド・メイソン・オーデッシュ（1824−86年）と共同設計したもので、錬鉄製ラチス・トラス＊をスパン240フィート、高さ100フィートの3ピン＊・尖頭アーチに組み上げ、それを床梁に緊結した。リージェント運河を跨ぐべく、線路を地盤面より17フィート高いレベルに通したため、線路の床を720本の鋳鉄製柱—梁で支え、下

をバートン・オン・トレント名産のビール貯蔵庫に利用した。駅本屋とグランド・ミッドランド・ホテル（1873年、p.073）は、ゴシック・リヴァイヴァル*の大家ジョージ・ギルバート・スコット（1811-78年）の設計、ミッドランド鉄道沿線で産する煉瓦、スレート*、鉄を用い、ゴシックとロマネスク*の建築要素を混ぜ合わせて作った大建築である。スコットは『回想録』（1879年）*の中で「それはしばしばロンドンで最上の建物で言われるが、私の見るところ、恐らくその使途には良すぎるのだろう」と豪語した。高さ270フィート、ゴシックの尖塔を思わせる時計塔が隣接するキングズ・クロス駅を見下す一方、内部では、片持ち梁*で支えられ、桁も手摺も極彩色に彩られた鉄製大階段が軽やかに舞い上がる。

ロンドン東部、世界最古の精神病院であるベスレム王立病院跡地に、イースト・アングリアの小鉄道会社を統合したグレート・イースタン鉄道（1862年創設）のロンドン・ターミナル、リヴァプール・ストリート駅（1875年、pp.074-077）が建てられた。同社技師エドワード・ウィルソン（1820-77年）は、現駅舎西側10プラットフォーム分のトレイン・シェッドを設計、その中央に鋳鉄製円柱と錬鉄製扁平トラス・アーチ（スパン109フィート）で支持された切妻屋根を2本通し、両側煉瓦壁までのスパンには、それと直交する切妻屋根を連続させた。屋根架構は大架構を誇示するものではなく、アーチ―屋根間のスパンドレル*や階段手摺に施された繊細な鋳鉄細工が、むしろヒューマン・スケールを感じさせる。正面東側グレート・イースタン・ホテル（1884年）は、ヴィクトリア朝「様式の戦い」で古典様式の代表となった建築家チャールズ・バリー（1795-1860年）の長男、チャールズ・バリー・ジュニア（1823-1900年）が設計したが、1906年にロバート・ウィリアム・エディス（1839-1927年）によってイギリス―フランス・ルネサンス混合様式で改装された。現駅舎東側8プラットフォーム分のトレイン・シェッド（1894年）は、エドワード・ウィルソン社の技師ジョン・ウィルソン（1846-1922年）と建築家W.N.アシュビー（1852-1919年）により付加された。

トレイン・シェッドは、田園に向かって線状に伸びる軌道頭端上部を鉄骨造・ガラス貼りの被膜で覆った「チューブ」である。それはまた人工的に作られた自然でもあって、そのことは由来が温室にあることを知れば納得できよう。プラント・ハンター*が植民地の珍種・奇種の植物を本国に持ち帰り、有閑階級や新興成金がそれを買い求め、温室で育てて、展示、開陳した。温室という人工の自然が、展示空間となった。チャッツワースの大温室（後述）を作った造園家ジョゼフ・パクストン（1803-65年）が、1851年の第1回万国博覧会場クリスタル・パレス（後述）を鉄骨造・ガラス貼りの大温室として作り上げた。パディントン駅のトレイン・シェッドもまた、ヘンリー・コール（1808-82年）の下で万国博覧会会場計画とシドナムへの会場移設（1854年）に関わったブルネル、ワイアット、ジョーンズが設計し、同会場施工者フォックス・ヘンダーソン社が施工したもので、それを第二のクリスタル・パレスと呼んでも差し支えなかろう。パディントン駅に限らず、トレイン・シェッドで展示、開陳されるのは、

*ゴシック(Gothic)／ゴシック・リヴァイヴァル(Gothic Revival)：ゴシックは12世紀後半から15世紀にかけて全域に広まった建築様式で、主たるビルディング・タイプであるカトリック大聖堂の内部では尖頭アーチによる交差ヴォールト天井が架けられ、その高さが競われた。イギリスではヴィクトリア女王（在位1937-1901年）時代に、このゴシック様式の復興を目指す運動がA.W.N.ピュージン（1812-52年）やジョン・ラスキン（1819-1900年）らによって唱導され、古典様式と「様式の戦い（battle of the styles）」が繰り広げられた。

*スレート(slate)：青黒色の粘板岩、灰黒色の頁岩の薄板で、主として屋根材として用いられる。

*ロマネスク(Romanesque)：10世紀後半から12世紀にかけて北西ヨーロッパに普及した建築様式で、「ローマ風の」半円アーチによる交差ヴォールト天井をもつ教会や大聖堂が建てられた。

*George Gilbert Scott, *Personal and Professional Recollections*, London, 1879.

*片持ち梁(cantilever)：一端が固定支持され、他端が自由な梁。カンティレヴァーともいう。

*スパンドレル(spandrel)：アーチとアーチ上部の水平材との間にできた三角形状の部分

*プラント・ハンター(plant hunter)：未開の地で、食料・香料・薬・繊維等に利用される有用植物や観賞用植物の珍種・奇種を探し出して採集し、母国に持ち帰ることを職業とする人

[図19] キャノン・ストリート駅、内観、ロンドン、1874年

[図20] 「鉄道駅」、ウィリアム・P・フリス画、1862年

*ピクチュアレスク(Picturesque):思想家エドマンド・バーク(1729-97年)は、人に喜びの感情を惹起させる「美」(beauty)に対して、人に恐怖の感情を惹起させる「崇高」(sublime)なるものがあるとし、それを受けてウヴェデール・プライス(1747-1829年)は、両者間に、荒々しさ、突然の変化、不規則性という属性をもち、人に苛立ちの感情を惹起させる「ピクチュアレスク」なるものがあるとした。Christopher Hussey, The Picturesque: Studies in a Point of View, London, 1927. 等参照

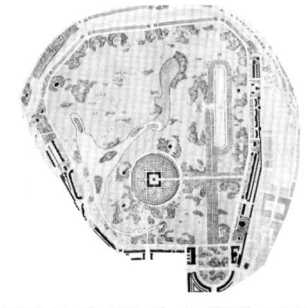

[図21] リージェンツ・パーク、平面図、ロンドン、ジョン・ナッシュ設計、1828年

*テラスハウス(terrace house):長屋。複数の住戸を境界壁を共有させて連ねた住棟
*パノラマ(panorama):大きい円筒状建物内部で中央展望台に立つ観客が周壁に描かれた風景画を360度回転しながら見渡す仕掛けで、1787年にイギリス人ロバート・ベイカーが特許を取得した。Stephan Oettermann, The Panorama: History of a Mass Medium, Zone Books, New York, 1997. 等参照

*タイバー (tie bar):連結棒

*コリント式(Corinthian):古典建築の5つのオーダーの1つ。柱頭がアカンサスの葉で形作られている。

まずは当時の最先端技術の結晶である蒸気機関車であった。次に、W.H.スミス(1848年、ユーストン駅に開業、図19)のようなブック・スタンドで売り買いされる鉄道本、新聞、雑誌といった情報であった。鉄道旅行が盛んになり、その無聊を慰めるため、小さな版型にソフトカバーをつけ携帯できる本が売り出され、それが鉄道本と呼ばれるようになった。最後に、旅行者ばかりでなく、最新の技術、最新の情報を求めて、ありとあらゆる人が集まったが、その群衆、すなわち一か所に集ってはいるが、ばらばらに違った行動をとる烏合の衆を注視する小説家や画家がいた。物が人を呼び、人が人を呼ぶ。人間集団の新しい形態、近代の群衆を見るには、画家ウィリアム・パウエル・フリス(1819–1909年)による群衆画の傑作「鉄道駅」(1862年、図20)に如くものはない。

●湾曲したトレイン・シェッド

トレイン・シェッドという人工の自然にも、「ピクチュアレスク」* の影響をうかがうことができる。18世紀末のイギリスでは、自然の要素のみで構成された風景式庭園が自然の不規則性を規則化したものとして批判され、自然の要素に建築などの人工の要素を加え、両者の融合を図ることが求められた。こうした「ピクチュアレスク」の理念を建築家ジョン・ナッシュ(1752–1835年)が都市計画に応用した。ナッシュが設計したリージェンツ・パーク(1811年–、図21)は、王室狩猟場であった地所を都市公園と住宅地を抱き合わせて開発したもので、環状の周遊路を巡ると、木々の合間に、さまざまな規模・様式をもつテラスハウス*が見え隠れし、変化に富んだ景観を楽しむことができる。このような湾曲した経路に沿って変化する景観のシークエンスが、ピクチュアレスク庭園や都市計画の常套手段となり、さらにパノラマ*館——実際、リージェンツ・パークには建築家デシマス・バートン(1800–81年)設計により「コロセウム」(1827年、図22)というパノラマ館が建てられ、「ロンドンのパノラマ景観」が展示された——や鉄道旅行の流行によって、人々がパノラマ的視覚を獲得していくことになる。それと同じ視覚効果が湾曲したトレイン・シェッドにも見られるのである。

ニューカッスル・セントラル駅(1850年)、ヨーク駅(1877年、pp.078–079)はともに、線路が大きく湾曲した通過型ターミナルで、湾曲部外側に駅本屋を構える。ニューカッスル・セントラル駅は、地元建築家ジョン・ドブソン(1787–1865年)の設計で、同駅に通ずるハイレベル橋(後述)を設計したロバート・スティーヴンソンも関与したと言われている。トレイン・シェッドは湾曲した3列のヴォールト屋根で、鋳鉄柱上にトラス桁を通し、その上にスパン60フィートの圧延錬鉄製アーチを差し掛け、アーチ両端をタイバー*で結んでいる。ヨーク駅は、ノース・イースタン鉄道建築家、トマス・プロッサー(1817–88年)とウィリアム・ピーチー(1826–1912年)の設計、湾曲した13のプラットフォーム上に、45〜81フィートとスパンがそれぞれ異なる4列のヴォールト屋根を架けている。屋根架構は、タイバーを除いてニューカッスル・セントラル駅をほぼ踏襲しているが、ディテールはより洗練されている。鋳鉄製コリント式*円柱の

柱頭はアカンサスの葉で飾られ、それがアーチのスパンドレルや桁の透かし文様、さらには圧延錬鉄製アーチ・リブに付けられた透かし四葉文様にまで連なっている。プラットフォームを歩くと、この人工の並木が次々と変化してゆく先に、列車の姿を垣間見ることができる。

リヴァプール&マンチェスター鉄道のリヴァプール・ターミナルは、当初のクィーン・ストリート駅（1830年）からライム・ストリート駅（1836年、pp.080-083）に変更された。ライム・ストリート駅のトレイン・シェッドは鋳鉄柱が木造トラスを支えた簡素なもので、ジョージ・スティーヴンソンがトマス・ロングリッジ・グーチ（1808-82）、ジョゼフ・ロック（1805-60年）の助けを借りて設計した。1849年、ロンドン&ノースウェスタン鉄道主任技師ジョゼフ・ロックの下で、リチャード・ターナー（1798-1881年）——キュー王立植物園・パームハウス（後述）の共同設計者——が設計施工したトレイン・シェッドは、6本の線路、3本のプラットフォーム、1本の車道を跨ぐ大ヴォールト屋根（スパン153.5フィート）で、レールと同断面の錬鉄製アーチとタイバー間に束を立てた張弦梁構造をもち、その一端が建物壁で、他端が柱で支えられている。主任技師ウィリアム・ベイカー（1817-78年）は、1867年に上弦・下弦ともにアーチとしたワーレン・トラス*屋根（スパン215〜185フィート）を北側に付加、1875年には同形の屋根（スパン195〜170フィート）を南側に付加した。マンチェスターに向かって湾曲し、しかも先細っていく柱列とトラス屋根が折り重なる様は、まさにピクチュアレスクと言うほかない。

[図22] コロセウム、工事中の内観、ロンドン、1827年

＊ワーレン・トラス（Warren truss）：斜材を逆W字状に展開したトラスで、1848年にジェームズ・ワーレン等が特許を取得した。

3 ｜ 橋

●橋の近代化

橋は、川という「水」の境界を跨ぎ、「地」の此岸と彼岸とを結ぶ道路の延長であるが、産業革命以前のヨーロッパの橋は、その上に礼拝堂や店舗付き住宅が立ち並び、都市住民（citizen, bourgeoisie）ではないさまざまな人々が生活する「家橋」であった。ロンドン橋（1176-1209年、図23）もそうした「家橋」の一つで、橋梁修道士ピーター・デ・コールチャーチが、20もの尖頭アーチを連ねた石造橋、聖トマス・ベケット礼拝堂、橋門を建設したが、その上には衣料、帽子、小間物、本、食料、蒸留酒等を売る店舗付き住宅が軒を連ねていた。ようやく1758-62年になって、建築家ロバート・テイラー（1714-88年）とジョージ・ダンス（父、1695-1768年）によって上屋が撤去、また船が航行しやすいよう中央2ベイ分が大半円アーチに改修され、橋の上下が純粋な交通空間に変えられたのである。

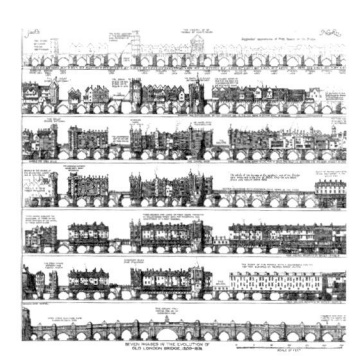

[図23] ロンドン橋の変遷、1209-1831年

産業革命は、石炭と鉄の大量生産、それを用いた蒸気機関の改良によって突き動かされていったが、橋の近代化がそのことを最も雄弁に物語っている。素材が伝統的な木、石、煉瓦から鉄に、しかも鋳鉄から錬鉄、鋼鉄へと変わっていく。橋の上を通る蒸気機関車の荷重を支える強度と、橋の下を蒸気

船が航行できるような長大なスパンと高さが要求されるようになる。そうした中で、鉄製のアーチ橋、吊橋、トラス橋という新しい素材、新しい構造を持つ橋が生み出されたのである。

●アーチ橋

鉄の橋の嚆矢は、コールブルックデールのアイアン・ブリッジ（1779年、pp.084-087）である。コールブルックデールは、1709年、アブラハム・ダービーI世（1678-1717年）が鉄鉱石を木炭に代わってコークスで溶解することに成功した近代製鉄業発祥の地である。近くを流れるセヴァーン川への架橋が計画され、地元建築家トマス・ファーノルズ・プリチャード（c.1723-77年）が原案を設計、孫のアブラハム・ダービーⅢ世と配下の鋳物職人がそれを大幅に変更して実施した。石造橋台間のスパンは100.5フィート、断面12×6.5インチの鋳鉄製3ピン半円アーチ・リブを奥行方向に5つ並べて橋桁を支える。さらにこの半円アーチ・リブと同心円をなすリブを放射状の束で繋ぎ、橋桁との間にリングとオジー・アーチ*を配している。このリングは橋桁の荷重を支えておらず、むしろ古典建築のメダリオン*と呼ばれる円形枠を踏襲したものであろうが、後のサンダーランド橋（1796年、図24）等に影響を与えた。鋳鉄製各部材は、蟻継ぎや貫穴に貫*を通して楔で留めるなど在来木造構法で接合されている。

トマス・テルフォードは、この円形枠が橋桁からアーチへと荷重を有効に伝えていないことに気付き、鋳鉄製アーチ橋のさまざまな構造を試みた。アイアン・ブリッジ上流に架けたビルトワズ橋（1796年）は、スパン130フィート、曲率の異なる2つの鋳鉄製平板アーチを重ね、それと橋桁を束と筋交で繋ぐ「石造というより木造トラスの原理を導入した」構造であったが、荷重と温度変化によって2つのアーチが異なる挙動を示し、ひび割れが生じたため、補修を余儀なくされた。ロンドン橋競技設計案（1800年、図25）は、スパン600フィートを一跨ぎする鋳鉄製扁平アーチ橋で、迫石に似せた円弧アーチを繋いで大アーチを作り、それと橋桁とを放射—環状パターンをなす格子平板で結ぶという構造を提案した。

この鋳鉄製格子平板の面剛性*で橋桁を支える構造は、レインヒル試走会で審判を務めることになる技師ジョン・アーペス・ラストリック（1780-1856年）が設計したチェプストウのオールド・ワイ橋（1816年、pp.088-089）にも見られる。中央112フィート、両側それぞれ70フィートと34フィートのスパンに、5連のアーチ形鋳鉄製格子平板を並べて橋桁を支持、その白く塗られた透かし細工が、くすんだ石造橋脚・橋台と鮮やかな対比をなす。テルフォード自身は、迫石に似せた円弧アーチを繋いで大アーチを作るというアイデアをさらに発展させ、スコットランド高地道路・橋梁委員会技師在任中のボナー橋（1812年）やクレイゲラキー橋（1814年、図26）等で、明快な構造にまとめて見せた。クレイゲラキー橋では、城郭の櫓*を思わせる小塔下部を橋台として、そのスパン150フィートに3フィートの成*をもつ鋳鉄製ラチス・トラスのアーチを差し渡し、そこ

*オジー・アーチ(ogee arch)：葱花アーチ。凸状の円弧と凹状の円弧を組み合わせ、頂部を尖らせたアーチで、後期ゴシック建築に多く見られる。
*メダリオン(medallion / medaillon)：内に絵画やレリーフ装飾を収めた円形もしくは楕円形の枠で、メダイヨンとも称される。
*貫：柱を貫通して柱相互を繋ぐ横木

[図24] サンダーランド橋、サンダーランド、タイン・アンド・ウィア、トマス・ペイン設計、1796年

[図25] ロンドン橋競技設計案、ロンドン、トマス・テルフォード設計、1800年

*面剛性：面全体で、剛性＝外力に対する弾性変形のしにくさを担うこと

[図26] クレイゲラキー橋、クレイゲラキー、マリー、スコットランド、トマス・テルフォード設計、1814年

*櫓(turret)：中世の城郭・城壁から垂直に立ち上がる小塔
*成：梁・桁などの下端から上端までの垂直距離

から十字形断面をもつ束をX字に組んだラチスを立ち上げて橋桁を支えた。アーチと橋桁間をどう繋ぐかという力の伝達と見え方双方を解決した、鋳鉄製トラス・アーチ橋の素型が生み出されたのである。

　ロンドン、テムズ川に目を転ずると、ロバート・ミルン（1733–1811年）が石造9連半楕円アーチ橋、ブラックフライアーズ橋（1769年）を建てていた。前述したロンドン橋競技設計では、テルフォードの好敵手ジョン・レニーが石造5連半円アーチ橋案で勝利する一方――それは、ジョン・レニーの死後、1831年になって子のジョン・レニー・ジュニア（1794–1874年）の手で完成された――、ミルンの新考案に改良を加えた石造9連半楕円アーチ橋のウォータールー橋（1817年）、中央スパン240フィートと両側スパン210フィートに鋳鉄製円弧アーチを架けたサザック橋（1819年、図27）を次々と完成させた。これらウォータールー橋とサザック橋にはさまれてしまったブラックフライアーズ橋の東隣に、技師ジョゼフ・キュビットがロンドン・チャタム＆ドーヴァー鉄道（1859年創設）のセント・ポールズ（現ブラックフライアーズ）鉄道橋（1864年、p.090）を新設し、さらにブラックフライアーズ橋（1869年、p.091）そのものも錬鉄製5連アーチ橋に建て替えた。前者は、チャールズ・バリーの子、ジョン・ウルフ・バリー（1836–1918年）とイザムバード・キングダム・ブルネルの子、ヘンリー・マーク・ブルネル（1842–1903年）の手で二代目セント・ポールズ（現ブラックフライアーズ）鉄道橋（1886年）が新設されたのを機に取り壊され、旧橋台上にロンドン・チャタム＆ドーヴァー鉄道会社の鋳鉄製紋章だけが残されている。後者は現存し、スパンドレルのラチスに施された細やかな装飾が煉瓦造・花崗岩貼りの橋脚に映える。

　フランス人技師ギュスターヴ・エッフェル（1832–1923年）が錬鉄製上路式トラス・アーチ橋、ガラビ高架橋（1885年、図28）で明示したように、2ピントラス・アーチは、成が頂部で最大、ピンに向かってすぼまっていく三日月形となる。しかし、アメリカに移住したチェコ人技師グスタフ・リンデンタール（1850–1935年）が、ニューヨークにスパン978フィートの鋼鉄製中路式トラス・アーチ橋、ヘルゲート橋（1916年、図29）を設計した際には、石造の塔状橋脚と一体化しているように見せるため、トラス・アーチの成をピンに向かって広がるように変形した。構造の実体よりも見えを優先させたのである。

　ニューカッスルのタイン川に架かるタイン橋（1928年、p.092）はモット・ヘイ＆アンダーソン社設計、ヘルゲート橋を踏襲したスパン531フィートの中路式鋼鉄製トラス・アーチ橋であるが、トラス・アーチを三日月形としたため、まさしくリンデンタールが危惧したように、コーンウォール産花崗岩造の塔状橋脚と切り離されているように見える。リヴァプールのマージー川に架かるランコーン橋（1961年、pp.094–095）もモット・ヘイ＆アンダーソン社設計、タイン橋の2倍強、1082フィートのスパンを誇る中路式鋼鉄製トラス・アーチ橋である。ここには組石造の橋脚がなく、成が末広がりとなったワーレン・トラス・アーチがそのまま水平方向に伸びトラス橋となる。

　黎明期の蒸気機関車は馬力が小さかったため、鉄道はなるべく平坦な所に

[図27]　サザック橋、ロンドン、ジョン・レニー設計、1819年

[図28]　ガラビ高架橋、リュイヌ＝ザン＝マルジュリド、カンタル県、フランス、ギュスターヴ・エッフェル設計、1885年

[図29]　ヘルゲート橋、ニューヨーク市、アメリカ合衆国、グスタフ・リンデンタール設計、1916年

通され、そのために大地に凹（トンネル、切通し）や凸（堤、高架橋）の変形が施された。高架橋は、下を航行する船を考慮せずともよく、長いスパンが求められなかったので、安価で安心できる伝統的構法の煉瓦造が採られ、小スパンのアーチを連続させたものが多く作られた。枚挙の暇はないが、代表例としてチャペル高架橋（1849年、pp.096-099）を挙げよう。ストア・ヴァレー鉄道（1846年創設、1862年グレート・イースタン鉄道に統合）は、1849年にマークス・テイ—サドベリー間を開業した。同社技師ピーター・ブラフはコルン渓谷を横断する高架橋を計画し、地元で良質の土が見つかったため、当初考えていた木造を煉瓦造に切り替え、全長1136フィート、スパン30フィートの半円アーチを32個連続させた高架橋を作り上げた。橋脚は2本の中空煉瓦柱を正逆2つの半円アーチで繋げ、下部にコンクリートを充填したもの、その橋脚内開口部を長手方向に連ねて、軽快なリズムを生み出している。1850年、ブラフが本高架橋を土木学会で発表した際、当時、コーンウォール鉄道（1846年創設）で、石造橋脚から扇形に突き出した木造トラスで木造橋桁を支えるカヴァー高架橋（1859年、図30）等、木造高架橋を計画していたブルネルが、木造よりも煉瓦造の方が安価であるという見解に異を唱えた。

［図30］ガヴァー高架橋、コーンウォール、イザムバード・キングダム・ブルネル設計、1859年

*懸垂曲線（catenary）：重力下においてしなやかな糸の両端を持って吊り下げた時にできる曲線
*ハンガー（hanger）：主ケーブルから鉛直に垂らされ、橋桁を支える線材

●吊橋

　2本の塔頂部間にケーブルを渡すと懸垂曲線*を描くが、そのケーブルからハンガー*で橋桁を吊るのが吊橋である。起源は中国や南米にあるとされるが、部材に大きい引張力がかかるため、引張強度が大きい錬鉄や鋼鉄が大量生産されるようになって初めて、長いスパンをもつ吊橋が可能となった。皮切りはまたしてもテルフォードである。1817年、テルフォードはホリーヘッド道路委員会からウェールズ本土—アングルシー島間のメナイ海峡に架橋する計画を委嘱され、翌年に吊橋案を提出、1826年にそれを完成させた。そのメナイ吊橋（pp.100-105）の主塔は、高さ153フィート、上部1/3を中空とする石灰岩造・地元産大理石貼りで、スパン52フィートの半円アーチを連ねた石造橋でウェールズ本土側、アングルシー島側と結ばれている。主ケーブルは、それぞれ935本のアイバーを繋いだケーブル4本を縦列連結したもので、それを4本、主塔間のスパン579フィートに渡し、そこから5フィート間隔で錬鉄製ハンガーを下げて、ラチスで緊結された鉄製の梁と木製の橋床を吊っている。アイバーは、先端にピンで連結するための円形孔が付けられた錬鉄板で、海軍退役大佐サミュエル・ブラウン（1776-1852年）が1817年に特許を取得していた。それを繋いだメナイ吊橋の主ケーブルは、当然ながら無骨な瘤状に分節されている。
　前述したように、メナイ吊橋には補剛桁が付けられていない。それゆえ、強い横風が吹くと、橋床が横揺れして損壊し、そのたびに梁行、桁行方向の補強が加えられた。1893年には、ベンジャミン・ベイカー（1840-1907年）によって元の木製橋床が鋼鉄製樋床に取り替えられ、さらに1940年の全面改修時には、主ケーブルも鋼鉄製に変えられ、元のプロポーションを失ってしまう。
　テルフォードによるコンウィ吊橋（1826年）は、メナイ吊橋の同型・小型版で

ある。5本のアイバー・ケーブルを縦列連結した主ケーブルを2本、橋詰にあるコンウィ城の櫓を模した高さ40フィート、石灰岩造主塔間のスパン327フィートに渡し、木製橋床を吊っている。

テルフォードは、1829年に行われたクリフトン渓谷架橋の競技設計の審査員となり、イザムバード・キングダム・ブルネルの案を含むすべての応募案を落選とした。テルフォードによる代案も議会の承認が得られなかったため、1830年に二度目の競技設計が行われ、ブルネルの吊橋案が当選した。建設は1831年に開始されたが中断、1836年に再開されるも、主塔とアンカレイジ*が建てられた途中で資金難のため中断された。ブルネルの死後、土木学会のジョン・ホークショウ（1811−91年）とウィリアム・ヘンリー・バーロウが計画案を変更し、1864年に完成させた。

クリフトン吊橋（pp.106-109）では、深い渓谷両岸に、高さ110フィート、赤色砂岩造の橋台が築かれ、そこから高さ85フィートの主塔が立ち上がる。それは岸壁そのものが屹立したようにも、古代エジプトのパイロン*のようにも見えるが、頂部にスフィンクスを冠する計画は実現されずに終わった。錬鉄製アイバー・ケーブル3本を縦列連結した主ケーブルを、主塔間のスパン702フィート3インチに渡し、そこから錬鉄製ハンガーを下げて、錬鉄製補剛桁と厚板を貼った橋床を吊っている。1860年、ホークショウ設計によるラチス・トラス橋、チャーリング・クロス鉄道橋（1864年）を建設するため、ブルネルがテムズ川に架けていた吊橋、ハンガーフォード吊橋（1845年、図31）が取り壊され、そのケーブルがここで再利用された。

ハンガーフォード橋は取り壊されたが、テムズ川を上流に遡れば、いくつかの吊橋を見ることができる。アルバート橋（1873年、pp.110-111）は吊橋に斜張橋*を加味したもので、セント・パンクラス駅トレイン・シェッドの共同設計者であるローランド・メイソン・オーディッシュが設計した。束ね柱*に明り塔を載せたゴシック様式のコンクリート充塡鋳鉄柱2本を円弧アーチで繋いで主塔とする。主塔間のスパン450フィートに渡した鋼鉄ワイヤの主ケーブルから20フィート間隔で下ろした錬鉄製ハンガーと、主塔から橋桁に斜めに張られた錬鉄平板のステイとで橋床を支持している。1884年にジョゼフ・バザルジェット（1819−91年）によって、1973年にはGLC（大ロンドン議会）によって改修された。

初代ハマースミス橋（1827年）は、当時ウェスト・ミドルセックス水道会社の技師であったウィリアム・ティアニー・クラーク（1783−1852年）が設計したテムズ川初の吊橋である。主塔はトスカナ式円柱で支持された石造半円アーチウェイで、主塔間のスパン400フィート3インチに錬鉄製アイバー・ケーブルを渡していた。クラークは、後年、ドナウ川の両岸、ブダとペストを結ぶ最初の橋、初代セーチェーニ鎖橋（1849年、図32）の設計で名声を博することになる。ジョゼフ・バザルジェットによる現ハマースミス橋（1887年、pp.112-113）では、初代の木杭をそのまま利用したので、主スパンは初代と同じである。主塔は2本の尖塔を半円アーチで繋いだ錬鉄骨組に鋳鉄板を貼ったもので、主塔間に軟鋼製アイバー・ケーブル2本を縦列連結した主ケーブルを渡している。これ

*アンカレイジ（anchorage）：吊橋の主ケーブル両端を固定する橋台

*パイロン（pylon）：古代エジプト神殿の入口をなす巨大な塔門

[図31] ハンガーフォード吊橋、ロンドン、イザムバード・キングダム・ブルネル設計、1845年

*斜張橋（cable-stayed bridge）：主塔から斜めに張ったケーブルを直接に橋桁に繋ぎ支える構造をもつ橋
*束ね柱（compound pier）：円柱の周りに小円柱を添えたもの。後期ロマネスクやゴシック様式の教会建築に見られる

*ステイ・ケーブル（stay cable）：主塔と橋桁を斜めに繋ぐケーブル

[図32] セーチェーニ鎖橋、ブダペスト、ハンガリー、ウィリアム・ティアニー・クラーク設計、1849年

も1973年にGLCにより改修された。

●トラス橋

　蒸気機関車という移動する重い荷重を支持しなければならない鉄道橋では、吊橋は用いられず、代わって様々なトラス橋が試みられた。ニューカッスルの南、タイン川に架かるハイレベル橋（1849年、p.093）は、ロバート・スティーヴンソンがヨーク・ニューカッスル＆ベリック鉄道（1847年創設、1854年ノース・イースタン鉄道に統合）用に設計した鉄道・道路併用橋である。タイン川上に高さ131フィートの砂岩造橋脚を5基建て、その頂部に6つの平行弦トラス桁を通して、両岸の石造アーチ橋に続けている。トラスの上弦レベルを鉄道線路面、下弦レベルを道路面とした2階建で、各スパン125フィートに鋳鉄製弓形アーチを架け、錬鉄製ロッドで錬鉄製の上弦材と下弦材に繋いでいる。弓形アーチの上半分を取ると上路式アーチ橋、下半分を取ると下路式アーチ橋となり、後者はボウストリング・トラスと称される。鋳鉄製弓形アーチ＝ボウ（弓）が橋脚を圧縮し、逆に錬鉄製下弦＝ストリング（弦）が橋脚を引張るため、両者の水平分力が相殺され、橋脚には鉛直荷重しかかからないというメカニズムである。

　平行弦トラス桁が、線材を三角形に組み合わせた透明な「チューブ」であるとするならば、ボックス・ガーター（箱桁）あるいはプレート・ガーター（鈑桁）は、面材で覆われた正真正銘の「チューブ」である。テルフォードのメナイ吊橋の西隣に架かるブリタニア橋（1850年、図33）は、ロバート・スティーヴンソンがチェスター＆ホリーヘッド鉄道（1844年創設、1859年ロンドン＆ノースウェスタン鉄道に統合）用に設計したボックス・ガーター鉄道橋で、「チューブラー・ブリッジ」と通称された。錬鉄製ボックス・ガーターの断面は、幅14フィート9インチ、高さ30フィートの縦長長方形で、剛性を補うために上下面を二重殻とする。長さ460フィートのもの4本をメナイ海峡上の2スパンに、長さ230フィートのもの4本を両岸の2スパンに架けた後、橋脚内で繋いで、全長1511フィートの連続桁2本（複線分）が出来上がる。ボックス・ガーターを吊るというイートン・ホジキンソン（1789–1861年）の意見、吊らないというウィリアム・フェアバーン（1789–1874年）の意見が対立したが、ロバート・スティーヴンソンは後者を採った。3基の石造橋脚は古代エジプトのパイロンを思わせる高塔——中央と両側の塔の高さは、それぞれ230フィートと220フィート——で、ボックス・ガーターを吊ることを見越して、頂部エジプト風コーニス*の下に主ケーブルを留める開口部が開けられている。組み立てたボックス・ガーターをバージで運搬し、石造橋脚側面の溝に沿って水圧機*で持ち上げるという工法は、工事を見学したブルネルに影響を与えた。ブリタニア橋は、1970年の火災でボックス・ガーターが破損、橋脚を残したまま、鉄道・道路併用の2階建・鋼鉄製アーチ橋に建て替えられた。

　現存するコンウィ鉄道橋（1848年）は、いわばブリタニア橋の雛形である。石造橋台上にバトルメントを戴く櫓がそびえ、その間に長さ400フィートの錬鉄

［図33］ブリタニア橋、メナイ海峡、ウェールズ、ロバート・スティーヴンソン設計、1850年

*コーニス(cornice)：古典建築のエンタブラチュア（＝梁）最上部の突出した水平帯。軒蛇腹ともいう。

*水圧機(hydraulic press)：水を媒介とし、パスカルの原理を応用して小さい力を大きい力に増幅する機械

製ボックス・ガーター2本を渡している。

　ロバート・スティーヴンソンが実証したボウストリング・トラスや中空錬鉄管の有用性を、ブルネルはもっと大胆な構造デザインに展開してみせた。オールド・ワイ橋の南東、ワイ川に架かるチェプストウ鉄道橋（1852年、図34）は、ブルネルがサウス・ウェールズ鉄道（1844年創設、1862年にグレート・ウェスタン鉄道に統合）用に設計したボウストリング・トラス橋で、これを試作として、テイマー川に架かるサルタッシュのロイヤル・アルバート橋（1859年、pp.114-117）が建てられた。これは、ボウストリング・トラス橋の応用ではあるが、レンズ状の特異な形態からレンティキュラー・トラス橋という呼称が与えられた。川中の橋脚の基礎工事には、ニューマティック・ケーソン工法が採られたが、これは水中に沈めたケーソン（潜函）に圧縮空気を送り込んで浸水を防ぎ、その中で基礎工事を行うという工法で、すでにロチェスター橋（1851年）で採用され、ブルネル自身も上記チェプストウ鉄道橋で試みていた。川中の橋脚では、ケーソンに石とコンクリートを充填して基礎とし、そこに高さ100フィートの鋳鉄製八角形柱を4本立て、残りの橋脚はすべて高さ100フィートの石造角柱とする。川中の橋脚両側、各スパン455フィートにレンティキュラー・トラスを架けてプレート・ガーターを吊り、アプローチ部は単純なプレート・ガーターのみとする。トラスの上弦材は、16フィート×9フィートの横長楕円形断面をもつ中空錬鉄管を凸に曲げたアーチ、下弦材は錬鉄製アイバーを凹に垂らしたチェーンで、両者は沿直方向のロッドと筋交で結ばれているが、上弦材の圧縮力と下弦材の引張力の水平分力が相殺し合うので、橋脚には沿直荷重しかかからないのである。当時、クリフトン吊橋では主ケーブルを張る前に建設工事が中断しており、その錬鉄製アイバーがここで使い回された。そしてこのレンティキュラー・トラスの架設に、ブリタニア橋と同じ工法が採られたのである。

　橋は、「地」を水平方向に線状に延ばし、「水」の境界を跨ぐ人工物であり、とりわけ鉄道橋は、鉄道専用に囲い込まれた「チューブ」という形態を採る。その自然を改造した人工の「チューブ」が、逆に自然から逆襲される。それがテイ橋の落橋事故（1879年）であった。

　グレート・ブリテッシュ鉄道（1844年創設）のエディンバラからスコットランド東海岸を北上する路線には、途中、フォース湾、テイ湾という「水」の境界があった。同社技師トマス・バウチ（1822-1880年）は、まずテイ湾にラチス・トラス橋を建設、続いてフォース湾には吊橋を計画した。テイ橋（1878年、図35）は、石造基礎上の鋳鉄柱を筋交で繋いだ橋脚に錬鉄製ラチス・トラス桁を載せたものである。橋中央部では、船が航行できるように、他よりも橋脚自体を高くし、スパンも大きくとって、列車が、中央部では長いラチス・トラスの下弦レベルを、他では短いラチス・トラスの上弦レベルを走行するようにした。1879年12月28日の嵐の中、乗員・乗客75人を乗せた郵便列車が橋中央部に差しかかった時、その橋脚が崩れ落ち、トラス桁もろとも列車がテイ湾に墜落、乗員・乗客全員が死亡した。この大惨事が、ヴィクトリア朝イギリス社会を震撼させ、とりわけ技師の慢心を打ち砕いたのである。

［図34］チェプストウ鉄道橋、チェプストウ、モンマスシャー、ウェールズ、イザムバード・キングダム・ブルネル設計、1852年

［図35］テイ橋、テイ湾、スコットランド、トマス・バウチ設計、1878年

[図36] イーズ橋、セントルイス、アメリカ合衆国、ジェームズ・ブキャナン・イーズ設計、1874年

テイ橋は、ウィリアム・ヘンリー・バーロウによって不備のあった鋳鉄製橋脚が作り直され、床を鋼鉄製とした新たな錬鉄製ラチス・トラス桁に取り換えられて、1887年に再建された。他方、フォース湾では、当然のごとくバウチの吊橋案に基づく準備工事は中止され、ジョン・ファウラー（1817−98年）とベンジャミン・ベイカー（1840−1907年）によって鋼鉄製ゲルバー・トラス橋が設計、建設された。アメリカではイーズ橋（1874年、図36）のような鋼鉄製の橋が作られていたが、イギリスでは鋼鉄を構造材として使用することがなかなか認可されなかった。このフォース橋（1890年、pp.118-121）がイギリス最初の事例で、シーメンス社の平炉で製造された鋼板がドリルで穿孔され、平削りされた。ゲルバー・トラスとは、塔状橋脚の両側にトラスに組んだ片持ち梁を張り出し、その先端に吊桁をピン接合して繋げていくカンティレヴァー・トラスの一種で、考案者、ドイツ人技師ハインリヒ・ゲルバー（1832−1912年）の名が冠せられている。ここでは直径12フィートの中空鋼管を柱とする高さ330フィートの塔が3基立てられ、各塔から長さ680フィートの片持ち梁が持ち出され、長さ350フィートの吊桁が吊られている。アプローチ部は、石造アーチ橋と石造橋脚トラス橋から成り、本体の2つの主スパン（各1710フィート）、2つの副スパン（各680フィート）と合わせると、橋の全長は8296フィートにもなる。イギリスの工学技術の威信にかけて作られた当時世界最大の橋は、大小様々な鋼材が張り巡らされ、繭のように包み込まれた「チューブ」となる。自然に拮抗するこの人工の巨大さと過剰さに対して、アーツ・アンド・クラフツ運動の主唱者、ウィリアム・モリス（1834−96年）は「あらゆる醜悪さが極まったもの」と酷評した。

スコットランド、エティーヴ湖の喉元に架かるコネル橋（1903年、pp.122-123）は、別種の鋼鉄製カンティレヴァー・トラス橋で、ブラックフライアーズ鉄道橋（1886年）の設計者ジョン・ウルフ・バリーとヘンリー・マーク・ブルネルによって設計された。橋脚はアシンメトリカルで、川に向かって斜めに傾いだ1対の柱は上下の斜材でアプローチ側石造橋台に繋ぎ留められる一方、その柱から路面を下弦とするカンティレヴァー・トラスが川側に突き出されて吊桁を吊っている。主スパン524フィートに対して吊桁のスパンが232フィートと比較的長く、中央吊桁のプラット・トラス*が両側で山形に盛り上がって連続しているように見える。材がすべて鋼鉄製中空角柱である点も、フォース橋とは異なっている。

*プラット・トラス（Pratt truss）：中央部から両端部に向けて斜材を逆八の字形に配置したトラスで、1844年にトマスおよびケイレブ・プラット父子が特許を取得した。

●可動橋

可動橋は、船が航行できるように、一部または全体が動くように作られた橋で、旋回橋、跳開橋、昇開橋、運搬橋等が含まれる。ニューカッスル・旋回橋（1876年、p.092）は、ウィリアム・アームストロング（1810−1900年）が設計したもので、アームストロング社・エルズウィック工場製の水圧機で、スパン278.5フィートの弓形カンティレヴァー・トラス橋が中央管制室周りに旋回する。アームストロングは、まず水圧機器の製造で成功、続いてアームストロング砲、軍艦へと手を伸ばし、一大軍需企業体を築き上げた。この旋回橋は、

砲を艤装するために、軍艦がタイン川上流にあるエルズウィック工場まで航行できるように、アームストロング社の費用で建設された。

ロンドン、テムズ川に架かるタワーブリッジ（1894年、図37）は、跳開橋の代表事例である。高さ213フィート、鋼鉄骨組石貼りの主塔間のスパンは200フィート、上部は鋼鉄製歩道橋で結ばれ、下部の跳橋はアームストロング社・エルズウィック工場製の水圧機で開閉する。副スパンは吊橋となっており、主ケーブル川側端部にかかる引張力は主塔と歩道橋の門型鋼鉄骨組で受ける。構造設計はジョン・ウルフ・バリーとヘンリー・マーク・ブルネル、ゴシック様式の尖塔を思わせる意匠設計は建築家ホーレス・ジョーンズ（1819−87年）による。

昇開橋と運搬橋は、製鉄業や造船業で栄えた都市、ミドルズブラの北を流れるティーズ川に見られる。ニューポート・リフト・ブリッジ（1934年）は、モット・ヘイ&アンダーソン社が設計した昇開橋で、高さ180フィートの鋼鉄製トラスの塔間、スパン269フィートに、鋼鉄製弓形プラット・トラス橋桁が架けられている。塔上の滑車に掛けられたワイヤ・ロープを電動機で巻き上げ、巻き下げることで、橋桁が昇降する仕組みである。そこから少し下流にあるミドルズブラ・トランスポーター・ブリッジ（1911年、pp.124−125）は、クリーヴランド橋梁工学社が設計した運搬橋である。高さ160フィートの鋼鉄製トラスの塔を立て、その上にヤジロベエのように鋼鉄製トラス桁を載せたものを両岸に配し、それらをピン接合した大きな門型骨組である。トラス桁から鋼鉄製ワイヤ・ロープでぶら下げられたゴンドラが、全長851フィートを往復して乗客や車両を運ぶ。

［図37］ タワーブリッジ、ロンドン、ジョン・ウルフ・バリー、ヘンリー・マーク・ブルネル構造設計、ホーレス・ジョーンズ意匠設計、1894年

重工業企業家の「城館」

＊層成砲身(built-up gun barrel)：複数の筒を層状
　に重ね合わせた砲身

[図38] クラグサイド、外観、ロスベリー、ノーザン
バーランド、リチャード・ノーマン・ショウ設計、
1885年

イングランド北部のニューカッスル・アポン・タインを重工業都市に発展させた立役者の一人が、ウィリアム・アームストロングである。彼の父ウィリアムは富裕な穀物商、1850年にはニューカッスル市長となった人物で、息子ウィリアムは父の教えを守って法曹界に入り、ロンドンで修業をした後、地元ニューカッスルの法律事務所に入所、弁護士として活動した。彼の趣味は釣りと科学実験で、ある日コケット川で釣りをしていた時、近くの石切場にある水車の効率が悪いことに気付き、水力機関で駆動するクレーンを考案した。1845年、彼はその水力クレーンをニューカッスル港に設置、それを水道の余剰水で動かす実験に成功すると、1847年にはW.G.アームストロング社を設立、タイン川北岸エルズウィック工場で水力クレーンを製造し、エディンバラ&ノーザン鉄道やリヴァプールのドックに納入した。後に水圧機を考案し、ロンドン、タワーブリッジ (1894年、図37) を可動させた。

他方、クリミア戦争 (1853−56年) 中の1855年に、アームストロングは鋼鉄製施条内腔部を錬鉄製コイルで嵌め込んだ層成砲身＊をもつ大砲を開発した。このアームストロング砲は一旦陸軍野砲、海軍艦載砲として採用されたが、砲身の破裂事故やマンチェスターのジョゼフ・ホイットワース社の反対などがあって採用取り消しとなり、以後、南北戦争 (1861−65年) 中のアメリカ、戊辰戦争 (1868−69年) 中の日本など諸外国に輸出された。1876年、アームストロングはタイン川に旋回橋 (p.092) を架け、エルズウィック工場で艤装するための軍艦が航行できるようにし、1882年には造船会社チャールズ・ミッチェル社を合併、W.G.アームストロング卿・ミッチェル株式会社とし、エルズウィック工場に造船所を開設、軍艦の造船と艤装の双方を行った。ちなみに戊辰戦争で本郷台・前田家上屋敷の官軍から上野台・寛永寺に立て籠る彰義隊に砲弾を浴びせたのがアームストロング砲であったこと、日露戦争・日本海海戦 (1905年) でロシアのバルチック艦隊を破った日本の連合艦隊の戦艦6隻が同社製であったことは、司馬遼太郎の歴史小説にも紹介されている。1897年、同社は競合するジョゼフ・ホイットワース社を合併、W.G.アームストロング卿・ホイットワース株式会社となり、ドイツのクルップ社と軍需産業の覇権を争うこととなる。

ウィリアム・アームストロングは1835年にマーガレット・ラムショウと結婚、ニューカッスル北東、ジェスモンド・ディーンに居を構えたが、1863年にコケット川上流ロスベリー付近の岩肌が剥き出しになった荒地20エーカーを購入して、そこに釣り・狩猟用ロッジを建てた。それが新たな居館クラグサイド造営の始まりで、アームストロングは地所を買い足しては、ベイマツ、ベイツガ、コーカシアモミなどの高木、ツツジ、シャクナゲなどの低木を植え、人工池を築き、道路や歩道を巡らせ、面積

1730エーカー、700万本の木と5つの池をもつ林苑を作り上げた。また1869年から85年にかけて、建築家リチャード・ノーマン・ショウ（1831−1912年）設計でロッジを「城」へと拡張、整備した［図38］。マーガレット・アームストロングはイザムバード・キングダム・ブルネルの未亡人マリーと親交があり、1869年、マリーの弟で画家ジョン・コールコット・ホーズリー（1817−1903年）の邸宅ウィルズリーを訪れ、いたく感動した。同年末、アームストロング夫妻はウィルズリーの設計者、ショウをクラグサイドに招いたが、他の招待客と一緒に狩猟に出掛けている間に、ショウは既存ロッジ増築の図面を書き上げていたという。1871年には食堂、図書室、上階の寝室が増築され、その後中央塔、北門上階、南門上階のギャラリーが加えられ、1882−83年頃には応接室を含む南東翼部が付け加えられた。

　この時期のショウは、イングランド南部の民家の要素を採集し、それらをピクチュアレスクに再構成したオールド・イングリッシュ様式を確立しつつあり、クラグサイドでも、ハーフティンバー造*やタイル貼りの壁、急勾配のゲーブル屋根、テューダー様式*の高い煙突、鉛桟を組んだ開き窓といった要素を自在に組み合わせ、付加的な平面と相俟って、複雑で多彩な外観を形作っている。

　食堂や図書室の内観は、ラファエロ前派*や審美主義*の眼差しで中世や東洋を見直したものと言ってよかろう。食堂の暖炉はファウンテンズ・アベイの遺構を模したもので、そのイングルヌック*にはモリス商会のステンドグラスが嵌められている［図39］。図書室のベイウィンドウ*上部にもモリス商会のステンドグラスが嵌められ、木製椅子の背には東洋風の花柄が象嵌され、本棚上部には東洋やイスパノ・モレスク*の陶磁器が並べられている。またショウの見立てで、ダンテ・ガブリエル・ロセッティ（1828−82年）やエドワード・バーン＝ジョーンズ（1833−98年）の絵も購入された。1880年代になって、ショウはウィリアム・モリス（1834−96年）一派と袂を分かち、次第に古典主義に傾斜していくが、その兆しは応接室の内装、特に暖炉に見て取ることができる。

　当時の新聞は、クラグサイドを「現代魔術師の宮殿」と書き立てたが、それは新奇な外観・内観デザインのせいだけではなかった。人工池に貯めた水を水力機関で邸宅まで通し、蒸気浴、冷水浴、温水浴、シャワーを楽しむことができる大浴室と水洗便所に使用した。水力を利用して温風暖房設備を動かし、台所の最新レンジの焼き串を回し、台所と下階洗い場とを結ぶダムウェーターを動かして食器を運搬した。また別のサービス用リフトを動かして石炭や洗濯物を運搬した。さらに6馬力水タービンでシーメンス社製発電機を回し、1878年にはアーク灯を、1880年にはアームストロングの友人、ニューカッスルの科学者ジョゼフ・スワンが発明した白熱電灯を点灯させ［図51］、邸宅

*ハーフティンバー造(half timber framing)：ヨーロッパの木造軸組構造。柱、梁、筋交等を外部に現し、その間を土、石、レンガの壁体で充填したもので、木軸と壁体が半々となることからその名が付けられたと言われているが、定かではない。

*テューダー様式(Tudor style)：イングランドのテューダー朝（1485−1603年）時代の建築様式。中世建築の末期に当たり、土着のハーフティンバー造建築も含まれる。垂直様式（Perpendicular style）と呼ばれる後期ゴシック様式の扁平尖頭アーチ（テューダー・アーチ）を特徴とするが、イタリア・ルネサンスで復興された古典建築要素も導入され始めた。

*ラファエロ前派(Pre-Raphaelite Brotherhood)：アカデミーで規範とされていたラファエロ（1483−1520年）以前の芸術への回帰を掲げ、1848年、ウィリアム・ホルマン・ハント（1827−1910年）、ダンテ・ガブリエル・ロセッティ（1828−82年）、ジョン・エヴァレット・ミレー（1829−96年）らによって結成された芸術家グループ

*審美主義(Aestheticism)：審美性に重きを置き、「芸術のための芸術」を標榜した芸術運動。イギリスでは、作家オスカー・ワイルド（1854−1900年）、画家ジェームズ・マクニール・ホイッスラー（1834−1903年）などの作品に代表される。

*イングルヌック(inglenook)：暖炉に付けられた小さなアルコーヴ（凹所）で、少人数が集まり暖を取ることができる。

［図39］クラグサイド、食堂（ジョゼフ・スワンの電灯設置、1880年）、1872年

*ベイウィンドウ(bay window)：張り出し窓。多角形をなして壁面から突き出した窓で、弓形をなすものはボウウィンドウ（bow window）と呼ばれる。

*イスパノ・モレスク(Hispano-Moresque)：イスラム陶器の影響を受け、12世紀からスペイン南部でムーア人やスペイン人によって作られた錫釉やラスター釉の陶器。14世紀以降、これがマジョルカ島の商人を介してイタリアに輸出され、イタリアではマヨリカと呼ばれた。後にこの技法を受け継いだマヨリカ陶器が中部イタリア各地で製造された。

内に食事を知らせる電動ゴングや電話のシステムを張り巡らせた。アームストロングは石炭に代わる動力源として、水力や電力を利用し始めたのだが、この時期に早くも太陽熱利用に言及していたことは特筆すべきであろう。

（アイザック・）ロージアン・ベル（1816−1904年）は、ニューカッスルの東、タイン川北岸ウォーカーでルブラン法*を用いてソーダ（炭酸ナトリウム）を製造、その傍らで製鉄も行うというロッシュ・ウィルソン・ベル社（1807年創設、後にベル・ブラザーズ社に合併）の創業者の一人、トマス・ベルの長子として生まれ、エディンバラ大学、ソルボンヌ大学で物理学を修めた後、ロッシュ・ウィルソン・ベル社に入社、同社技師ジョン・ヴォー（1799−1868年）の薫陶を受け、1845年、父が亡くなった後、同社を引き継いだ。彼は、1844年に弟トマス、ジョンと共同でベル・ブラザーズ社を創設、タイン川北岸ウィラムで製鉄を開始、1854年にはミドルズブラ、ティーズ川北岸ポート・クラレンスに高さ47.5フィートの高炉3基を築造し、1万2500トンの銑鉄を製造した。

ちなみにジョン・ヴォーはロッシュ・ウィルソン・ベル社を退社後、1846年にヘンリー・ボルコウ（1806−78年）と共同してウィットン・パークで製鉄を始め、1850年にミドルズブラ南方に広がるクリーヴランド丘陵のエストンに燐や硫黄を多く含む鉄鉱石−クリーヴランド鉄鉱石を発見するや、翌年にはエストンにほど近いティーズ川南岸にそれを原料とする高炉を建設、1864年には当時最大の資本金を誇るボルコウ・ヴォー株式会社を設立し、ベル・ブラザーズ社とともにミドルズブラのクリーヴランド式製鉄を隆盛に導いた。

ロージアン・ベルはというと、銀を鉛から分離精製する方法を考案した義父ヒュー・リー・パティンソン、義弟ロバート・ベンソン・ボウマンと組み、ワシントン化学会社（1844年創設）でマグネシウム等を製造、義弟ロバート・スターリング・ニューウォルが経営するワイヤ製造会社、R.S.ニューウォル社（1841年創設）で、1850年から海底ケーブルの製造に取り組んだ。彼はまた、英国初のドヴィル法*によるアルミニウム製造（1851年）やタリウムの発見（1863年）でも名を馳せた。

ロージアン・ベルは、1854年、ニューカッスル南、化学会社を立ち上げたワシントンに、地元建築家設計によるジャコビアン様式の邸宅ワシントン・ホールを建てていたが、その増築を1864年、1866年の二度にわたってウィリアム・モリスの僚友、建築家フィリップ・ウェッブ（1831−1915年）に委託した。ロージアン・ベルは、ラファエロ前派のメンターであった美術・建築史家ジョン・ラスキンや、ロセッティに師事して民家や田園風景を描いた風景画家ジョージ・プライス・ボイス（1826−97年）と親交を深めており、彼らからフィリップ・ウェッブを紹介されたという。さらに1865年には、ミドルズブラ南、クリーヴラン

*ルブラン法（Leblanc process）：フランス人化学者ニコラ・ルブラン（1742−1806年）が考案した、塩化ナトリウムから炭酸ナトリウムを合成する方法

*ドヴィル法（Deville process）：アンリ・エティエンヌ・サント＝クレール・ドヴィル（1818−81年）が考案した、塩化アルミニウムをナトリウムで還元するアルミニウム製錬法

［図40］ラウントン・グレインジ、外観、イースト・ラウントン、ノース・ヨークシャー、フィリップ・ウェッブ設計、1876年

ド丘陵を東に臨むイースト・ラウントンの地所と邸宅を購入、既存邸宅を取り壊し、新しい邸宅ラウントン・グレインジ（1876年、1954年取り壊し、図40）の設計をウェッブに委託した。

ウェッブは14世紀イングランド北部に建てられた「城」を参照し、方形屋根を戴く4階建の櫓で四隅を固め、中央5階建のゲーブル屋根から6本の煙突を立ち上げた「城」のような主屋、2階建の付属屋、周歩廊で連結された温室からなる大邸宅を設計した。モリスとウェッブは、見栄えのする建築要素を取り揃えたショウのオールド・イングリッシュ様式とは異なり、地方ごとの伝統的な素材・構法を忠実に復興するヴァナキュラー・リヴァイヴァルを唱えたが、その考えは「城」の構成はもとより、黄土色砂岩造の壁、赤褐色パンタイル*葺き、軒に灰色スレート板を巡らせた屋根にも貫かれている。が、そこには最新構造・設備技術も取り入れられていた。ピクチュア・ギャラリーを収める主屋ゲーブル屋根には、木と直径1インチの鉄製束を組み合わせたラチス梁が使われ、ビリヤード室天窓には大判板ガラスが貼られていた。飲用水とは別に、屋上と地下の貯水槽に貯めた雨水が「中水」として配水され、2階の各寝室に設けられた浴室・便所で使われたし、1階の食堂や応接室は温水ラジエーターで暖められるばかりでなく、暖炉上部には直火からの対流温風を送り出す鉄格子が付けられていた。そしてその床、壁、天井がモリスのカーペット、タペストリー、天井画で包まれ、ウェッブの家具上には収集された染付磁器が飾られたのである［図41］。

モリスとウェッブは、機械で大量生産された粗悪品の氾濫に対し、職人の手で作り上げた良品の復興を、また鉄やガラスといった新しい素材・構法の採用に対し、地方ごとの伝統的な素材・構法の復興を主唱し、実践した。安価な鉄を製造することで巨万の富を築いた者だけが、高価な手作り品を購うことができること、ベル社製鉄材を使った構造・設備の外観を地元産の壁や屋根で覆い、内観をモリス商会の紙や布で包み込むこと、そうした矛盾をモリスは痛感していたに違いない。1874年、ラウントン・グレインジの内装施工中、モリスは「私は金持ちのいじきたない贅沢を満たすためだけに自分の人生を費やした」*とロージアン・ベルに食ってかかったという。

その一方で、ウェッブはベル・ブラザーズ社のクラレンス工場に、時計塔（1867年）、送風機関棟（1873年）、工場事務所（1878年）を、ミドルズバラ駅前に本社屋［図42］を建てた。本社屋正面では、砂岩造の1階に半円アーチ、2階に円弧アーチと円柱を並べ、その上にコーニスを張り出し、3階に白いラフキャスト*の3連ゲーブルを立ち上げている。その様式に頓着しない建築要素の自由な変形と折衷が、アーツ・アンド・クラフツ運動*の建築デザインに大きな影響を与えたのである。

［図41］ラウントン・グレインジ、食堂、1876年

*パンタイル（pantile）：波形をした洋瓦

［図42］ベル・ブラザース社屋、ミドルズバラ、ノース・ヨークシャー、フィリップ・ウェッブ設計、1891年

*W.R.Lethaby, *Philip Webb and His Works*, Oxford University Press, 1935, reprint, Raven Oak Press Ltd., London, 1979.
*ラフキャスト（rough cast）：漆喰に小石や砂利を入れた壁の荒塗り
*アーツ・アンド・クラフツ運動（Arts and Crafts Movement）：詩人・デザイナーのウィリアム・モリスは中世の手仕事を取り戻すことで、工芸と芸術が再統合され、生活が芸術化されると考えた。1861年、モリス・マーシャル・フォークナー商会（後にモリス商会に改称）を創立し、自ら壁紙、染物・織物のデザイン・製作を行った。建築においては「一般常識を用い、気取らずに、土地の良い材料を使って建てる」というヴァナキュラー・リヴァイヴァルを提唱し、僚友の建築家フィリップ・ウェッブがそれを実践した。1887年にアーツ・アンド・クラフツ展示協会が設立された後、運動全体にアーツ・アンド・クラフツの名が冠せられるようになった。

パディントン駅、トレイン・シェッド内観、ロンドン／イザムバード・キングダム・ブルネル他設計、1854年―――Paddington Station, Train shed, London
トレイン・シェッドを見上げると、鉄骨造・ガラス貼りの扁平ヴォールト屋根から陽光が降り注ぐ。

パディントン駅、トレイン・シェッド、袖廊との交差部(p.068)
長堂式教会と同様、身廊・側廊と袖廊の交差部の屋根は、交差リブ・ヴォールトとなる。

パディントン駅、トレイン・シェッド詳細(p.069)
アーチ・リブにヤシの葉のようなレリーフが施されている。

キングズ・クロス駅、南正面、ロンドン／ルイス・キュビット他設計、1852年―――King's Cross Station, South façade, London
南正面はストック煉瓦造で、出発・到着プラットフォームのヴォールト屋根断面を見せ、中央にイタリアの鐘楼を思わせる時計塔が立ち上がる。

キングズ・クロス駅、トレイン・シェッド内観
単純な錬鉄製半円アーチを並べたヴォールト屋根。当初、アーチは集成材で作られていた。

セント・パンクラス駅、トレイン・シェッド内観／ウィリアム・ヘンリー・バーロウ、ローランド・メイソン・オーディッシュ設計、
ロンドン、1868年―――St. Pancras Station, Train shed, London (p.072)
錬鉄製トラス・尖頭アーチの3ピン構造は、開業当時、世界最大のスパン（240フィート）を誇った。

グランド・ミッドランド・ホテル、ロンドン／ジョージ・ギルバート・スコット設計、1873年―――Grand Midland Hotel, London (p.073)
セント・パンクラス駅本屋と合築されたステーション・ホテル。巨大な時計塔はゴシックの尖塔を想起させる。

リヴァプール・ストリート駅、コンコース、ロンドン／エドワード・ウィルソン設計、1875年―――Liverpool Street Station, Concourse, London
大規模改修(ブリテッシュ・レール建築&デザイン・グループ設計、1991年)時に、古いトレイン・シェッドの下に店舗を収めた新しいガラス・チューブが挿入された。

リヴァプール・ストリート駅、ロンドン、トレイン・シェッド詳細
アーチ・スパンドレルの鋳鉄透かし細工

ヨーク駅、トレイン・シェッド外観、ヨーク、ノース・ヨークシャー／トマス・プロッサー、ウィリアム・ピーチー設計、1877年———
York Station, Train shed, York (p.078)
ヨーク駅は通過型ターミナルで、線路が大きく湾曲し、その変曲点に駅本屋が置かれている。トレイン・シェッドのヴォールト屋根も湾曲し、
その端部が山並のような外観を呈する。

ヨーク駅、トレイン・シェッド内観 (p.079)
トレイン・シェッドの内部では、コリント式円柱とその上に架けられたアーチ・リブが湾曲に合わせて変化していく様を見ることができる。

ライム・ストリート駅、トレイン・シェッド内観、リヴァプール、マージーサイド／ジョゼフ・ロック、リチャード・ターナー設計、1849年―――
Lime Street Station, Train shed, Liverpool
大ヴォールト屋根の張弦梁を見上げる。

ライム・ストリート駅、リヴァプール、ヴォールト屋根を支える円柱の並び
ヴォールト屋根の張弦梁は鋳鉄製トスカナ式カップルド・コラムで支えられている。2本1組とされた円柱をカップルド・コラムというが、ここでは2本の円柱がラチスで緊結されている。

アイアン・ブリッジ、コールブルックデール、シュロップシャー／トマス・ファーノルズ・プリチャード、アブラハム・ダービーⅢ世設計、1779年―――
The Iron Bridge, Coalbrookdale, Shropshire

コールブルックデールは、コークスを用いた高炉での製鉄という近代製鉄業発祥の地であり、そこで製造された鋳鉄でもって世界初の「鉄の橋」が作られた。
石造橋台間に鋳鉄製半円アーチ・リブを奥行方向に5つ並べて橋桁を支える。

アイアン・ブリッジ、コールブルックデール、アーチ・リブの重なり
半円アーチ・リブは垂直方向にも3つ重ねられ、鎖状の束によって結ばれている。この束を入れることで
石造アーチの迫石のように見せ掛けられているが、構造を補強していない。

アイアン・ブリッジ、コールブルックデール、スパンドレル
橋桁と半円アーチ・リブとの間に残された三角形の部分をスパンドレルというが、ここではそこにメダリオンという
円形枠が挿入されている。これも古典建築の装飾であって、構造材とは言い難い。

オールド・ワイ橋、チェプストウ、モンマスシャー、ウェールズ／ジョン・アーペス・ラストリック設計、1816年———
Old Wye Bridge, Chepstow, Monmouthshire, Wales

5連のアーチ形鋳鉄製格子平板を奥行方向に5つ並べて橋桁を支える。

ブラックフライアーズ橋、ロンドン／ジョゼフ・キュビット設計、1864年―――Blackfriars Bridge, London
成の大きい錬鉄製5連アーチが橋桁を支える。スパンドレルはラチスで埋められ、橋桁の持送りが上部の歩道と欄干を支える。

旧ブラックフライアーズ鉄道橋、橋台、ロンドン／ジョゼフ・キュビット設計、1869年―――Old Blackfriars Railway Bridge, Abutment, London
現ブラックフライアーズ鉄道橋が新設された際、取り壊されたが、橋台とロンドン・チャタム＆ドーヴァー鉄道会社の紋章だけが残されている。

タイン川の橋（手前から順にタイン橋、旋回橋、ハイレベル橋、エリザベスII世橋、エドワードVII世橋）──
Bridges on the River Tyne, From the front to the back, Tyne Bridge, Swing Bridge, High Level Bridge, Queen Elizabeth II Bridge,
King Edward VII Bridge, New Castle upon Tyne, Tyne and Wear(p.092)
製鉄と造船で栄えた工業都市ニューカッスル・アポン・タインには、時代を代表するさまざまな構造形式の橋が架けられた。
最も手前にあるタイン橋は中路式鋼鉄製トラス・アーチ橋である。

ハイレベル橋、ニューカッスル・アポン・タイン、タイン・アンド・ウィア／ロバート・スティーヴンソン設計、1849年──
High Level Bridge, New Castle upon Tyne, Tyne and Wear(p.093)
砂岩造橋脚の頂部に平行弦トラスを通して、上弦レベルを鉄道線路面、下弦レベルを道路面とした2階建の橋。
錬鉄製の上弦材と下弦材を鋳鉄製弓形アーチと錬鉄製ロッドで繋いだトラス橋で、構造体を通り抜ける歩道がとられている。

ランコーン橋、ランコーン－ハルトン間、チェシャー／モット・ヘイ＆アンダーソン社設計、1961年―――Runcorn Bridge, Between Runcorn and Halton, Cheshire
中路式鋼鉄製トラス・アーチ橋で、一端ではアーチのワーレン・トラスがそのまま伸ばされてトラス橋となっている。

チャベル高架橋、ウェイクス・コルン近郊、エセックス／ピーター・ブラフ設計、1849年———Chappel Viaduct, nr. Wakes Colne, Essex

鉄道高架橋には長いスパンが求められなかったので、伝統的な素材・構法が用いられた。
コルン渓谷を跨ぐチャペル高架橋は、煉瓦造半円アーチを32個連続させたものである。

チャペル高架橋、アーチ詳細(p.098)　スパン30フィートの煉瓦造半円アーチ
チャペル高架橋、橋脚(p.099)　橋脚は2本の中空煉瓦柱を正逆2つの半円アーチで繋げたもので、その開口部が長手方向に連なっている。

メナイ吊橋、メナイ海峡、アングルシー島―グウィネズ間、ウェールズ／トマス・テルフォード設計、1826年―――
Menai Suspension Bridge, Menai Strait, Between Anglesey and Gwynedd, Wales

世界初の鉄製吊橋。石造主塔間に錬鉄製アイバーを繋いだ主ケーブルを渡し、ハンガーを介してラチスで緊結された梁と橋床を吊る。

メナイ吊橋、主ケーブル
当初、錬鉄製アイバーを繋いだ主ケーブル4本を縦列連結していたが、1940年に鋼鉄製に取り換えられた際に簡略化された。

メナイ吊橋、主塔(p.104)
石灰岩造・大理石貼りの主塔には2連半円アーチの開口部が穿たれている。

メナイ吊橋、主ケーブル・アイバー詳細(p.105)
アイバーとはピンで連結するために円形孔が付けられた錬鉄板であるが、現在のアイバーは鋼鉄製で、当初のものとは異なる。

クリストン吊橋、クリフトン、ブリストル／イザムバード・キングダム・ブルネル他設計、1864年―――Clifton Suspension Bridge, Clifton, Bristol

ブリストル近郊クリフトン渓谷架橋の競技設計（1830年）において、イザムバード・キングダム・ブルネル案が当選、資金難で建設が中断され、
ブルネルの死後、原案を変更して漸く完成した。深い渓谷両岸に古代エジプトのパイロンを思わせる赤色砂岩造の主塔が立ち上がる。

クリフトン吊橋、主ケーブル
主ケーブルは錬鉄製アイバー・ケーブル3本を縦列連結したもので、イザムバード・キングダム・ブルネル設計のハンガーフォード吊橋（1845年）のケーブルが再利用された。

アルバート橋、ロンドン／ローランド・メイソン・オーディッシュ設計、
1873年―――Albert Bridge, London

ゴシック様式のコンクリート充填鋳鉄製束ね柱2本を円弧アーチで繋いだ主塔間に、鋼鉄製ワイヤの主ケーブルを差し渡して橋床を吊り、
さらに主塔から斜めに張られた錬鉄製平板のステイで補強している。

ハマースミス橋、ロンドン／ジョゼフ・バザルジェット設計、1887年————Hammersmith Bridge, London
現ハマースミス橋では、初代ハマースミス橋(ウィリアム・ティアニー・クラーク設計、1827年)の木杭を利用し、2本の尖塔を半円アーチで繋いだ
主塔間に、軟鋼製アイバー・ケーブル2本を縦列連結した主ケーブルを渡している。

ロイヤル・アルバート橋、サルタッシュ、コーンウォール／イザムバード・キングダム・ブルネル設計、1859年―――Royal Albert Bridge, Saltash, Cornwall
レンズのような形をしたレンティキュラー・トラスを、川中の鋳鉄製八角柱4本から成る橋脚と両側の石造橋脚間に架け、プレート・ガーターを吊っている。

ロイヤル・アルバート橋、レンティキュラー・トラス
トラス上弦材は横長楕円形断面をもつ中空錬鉄管を凸に曲げたアーチ、下弦材は錬鉄製アイバーを凹に垂らしたチェーンで、上弦材の圧縮力と下弦材の引張力の水平分力が相殺し合うので、橋脚には鉛直分力しかかからない。

フォース橋、フォース湾、スコットランド／ジョン・ファウラー、ベンジャミン・ベイカー設計、1890年———Forth Bridge, Firth of Forth, Scotland

ゲルバー・トラスとは、搭状橋脚の両側に片持ち梁を張り出し、その先端に吊桁をピン接合して繋げていくカンティレヴァー・トラスの一種である。
テイ橋落橋事故を受け、鋼鉄という新しい素材、ゲルバー・トラスという新しい構造を採用して、当時世界最大の橋が建設された。

フォース橋、吊桁(p.120)　両側から張り出した片持ち梁の先端を繋ぐ吊桁
フォース橋、橋脚(p.121)　大小さまざまな鋼材が張り巡らされた中を、列車が通り抜ける。

コネル橋、コネル、エティーヴ湖、スコットランド／ジョン・ウルフ・バリー、ヘンリー・マーク・ブルネル設計、1903年―――Connel Bridge, Connel, Loch Etive, Scotland

別種の鋼鉄製カンティレヴァー・トラス橋。川に向かって傾いだ柱が上下の斜材で石造橋脚に繋ぎ留められ、その柱から路面を下弦とするトラスが突き出されて吊桁を吊っている。

トランスポーター・ブリッジ、ミドルズブラ、ノース・ヨークシャー／クリーヴランド橋梁工学社設計、1911年―――Transporter Bridge, Middlesbrough, North Yorkshire
工業都市ミドルズブラの北を流れるティー川に架かる運搬橋。鋼鉄製のトラス柱とトラス桁から成る門型骨組で、そこから鋼鉄製ワイヤ・ロープでぶら下げられたゴンドラが乗客や荷物を運ぶ。

トランスポーター・ブリッジ、ミドルズブラ、トラス桁
船が航行できる高さ160フィートにトラス桁が通されている。

IV

生活基盤

1 上水道

●衛生概念による上下水道の整備

　海外貿易の隆盛が産業革命の礎となったが、それはまた植民地からコレラという伝染病をもたらした。ある統計によると、イングランドとウェールズにおけるコレラ死亡者数は、1831-32年流行時には2万1882人、1848-49年流行時には5万5201人、1853-54年流行時には2万4516人、1866年流行時には1万4378人を数えるが、その発生と伝染を巡って激しい論争が繰り広げられた。ミアズマ（瘴気）説では下水が物の腐敗を促進し、ミアズマを発生させる要因と見なされ、経口伝染説では上水が病因そのものと見なされた。やがてコレラ菌がコレラの病原であることが実証され、後者に軍配が上がるのだが、その間、どちらが先かという議論はあったものの、上水道、下水道両者の敷設が急がれたのであった。また身体の一部あるいは全部を洗うことで、あらゆる汚れを取り除くこと、すなわち身体を清潔に保つことこそが健康の基本と見なされ、便所が水洗化され、洗面・入浴が習慣化されるようになった。都市に人口が集中して飲料水が不足しただけではなかった。一人一人の日常生活における水の消費が激増したのであった。

　清潔な水が「チューブ」（水道管）を通って建物内の「ボウル」（流し、便器、洗面台、浴漕）に至り、そこで消費されて不潔になった水は別の「チューブ」（下水道管）を通って排水されるという水の「循環」装置が必要とされた。「新しい健康概念に従って巨大な装置に資金が投じられたことにこそ、19世紀の独創性があったのである。」*

＊Breucq, *La Proprete de l'ecolier*, Bayonne, 1909.

●イングランド中北部工業都市の水道事業

　大量の清潔な水をどこから取ってくるのかが、人口が急増するイングランド中北部工業都市での課題となった。リヴァプール市では1847年に市営水道事業を開始、まずトマス・ホークスリー（1807-93年）がペナイン山脈西麓リヴィングトンに貯水池（1850-57年）を作ったが、それでも水不足は解消されず、北ウェールズ、ヴェルヌイに貯水池を作り、そこから導水した。ホークスリーの下、技師ジョージ・ディーコン（1843-1909年）が設計したヴェルヌイ・ダム（1881-92年、図43）は、全長1171フィート、高さ145フィート、底部の厚さ127フィート、4～10トンの巨石をセメント・モルタルで固めたイギリス初の石造ダムで、その水密性の高さが謳われた。余剰水を越流させる傾斜面上、25の半円アーチが道路面を支え、四隅に櫓を配し、バルブ室を収めた低い塔が2本立つ。取水塔は、円形平面、高さ207フィートのゴシック・リヴァイヴァル様式の尖塔で、

[図43] ヴェルヌイ・ダム、ヴェルヌイ、北ウェールズ、トマス・ホークスリー、ジョージ・ディーコン設計、1881-92年

そこで取られた水は直径9フィートの鋳鉄管2本を通って、68マイル北のプレストン貯水池を経由してリヴァプール市内まで運ばれた。

マンチェスター市では、技師ジョン・フレデリック・ベイトマン（1810–89年）がロングデンデール渓谷に鎖状に繋がった6つの貯水池、ロングデンデール・チェイン（1848–84年）を建設したが、それでも水不足が予測されたので、さらなる水源を湖水地方のサルミア湖に求めた。技師ジョージ・ヘンリー・ヒル（1827–1919年）設計によるサルミア・ダム（1890–94年）は、全長857フィート、高さ66フィートの石造ダムで、既存の水面を53フィート嵩上げし、そこで取られた水は、揚水することなく96マイル離れたマンチェスター市に送られた。

バーミンガム市は1876年に市営水道事業を開始、ウェールズ中部、エラン渓谷に3つの貯水池（1893–1904年）を建設した。最下流にあるカバン・コッホ・ダムは、全長610フィート、高さ122フィートの石造・越流ダムで、技師ジェームズ・マンサーグ（1834–1905年）は、先行するヴェルヌイ・ダムよりも堤体断面をより薄く改良し、下流側に1対の水力発電所を設けた。エドワーディアン・バロック様式*、円形平面にドームを戴く石造の取水塔、フォエル・タワーから取られた水は、73マイル離れたフランクリー貯水池を経由してバーミンガム市内に送られた。

ダーウェント渓谷水道委員会（1899年創設）は、シェフィールド、ダービー、ノッティンガム、レスター等に給水するため、技師エドワード・サンドマン（1862–1959年）設計でダーウェント川上流に3つの貯水池を建設した。最上流のホウデン・ダム（1901–12年、pp.136–141）は全長1080フィート、高さ178フィート、底部の厚さ178フィートの石造・越流ダムで、マチコレーションやバトルメントで彩られた城郭様式の塔2本を擁する。1.5マイル下流のダーウェント・ダム（1902–16年、pp.142–143）も同様の規模、様式をもつ。これら2つのダム建設用に、バンフォード・ホウデン鉄道（1901–03年）が敷設され、また千人を越すナヴィー（工夫）を住まわせるため、バーチンリーという町が建設された。それはプレファブの木造・ブリキ波板貼り住棟約50棟のほか、学校、礼拝所、公衆浴場、娯楽ホール、運動場等を備え、「ティン・タウン（ブリキの町）」と通称された。ダーウェント・ダムより3マイル下流にG.H.ヒル＆サンズ社設計で作られたレディーバウアー・ダム（1935–45年）は、全長1250フィート、高さ135フィート、不透水性粘土を核としたアース・ダム*で、底部の厚さは665フィートにも及ぶ。直径80フィート、石造の「ラッパ口」型余剰水口が2基、水面に大きな口を開けている。

●ロンドンの水道事業

ロンドンでの水道事業は、より複雑な経緯を辿る。ロンドン・ブリッジ水道会社（1581年）は、テムズ川北岸、ロンドン・ブリッジの袂に大水車を設置し、1日に1.8万㎥を揚水した。その後、投機家ヒュー・ミドルトン（1560–1631年）が、ロンドン北方ハートフォードシャーの泉とリー川から取水し、リー渓谷に沿って南下して貯水池ニュー・リヴァー・ヘッドに至る全長40マイル弱の水路、ニ

*エドワーディアン・バロック様式（Edwardian Baroque style）：エドワードⅦ世（1901–1910年）時代に興ったネオ・バロック様式。クリストファー・レン（1632–1723年）以降のイングリッシュ・バロック様式等を参照した公共建築が建てられた。

*アース・ダム（earth dam）：土を台形状に盛り上げて築いたダム

ニュー・リヴァー（1609-13年）を建設、その管理運営を行うニュー・リヴァー会社（1619年）を設立した。その後、ハムステッド（1692年）、チェルシー（1723年）、ランベス（1785年）、ウェスト・ミドルセックス（1806年）、イースト・ロンドン（1807年）、ケント（1809年）、グランド・ジャンクション（1811年）、サザック・ヴォクソール（1845年）の水道会社が設立され、各社近在の水源から取水した水をそのまま給水した。1829年にはチェルシー水道会社技師ジェームズ・シンプソン（1799-1869年）により緩速砂濾過法が考案され、同社のみならず多くの水道会社に砂濾過池が導入された［図44］。

［図44］サザック・ヴォクソール水道会社・ハンプトン浄水場、ロンドン、1890年頃

　他方、1834年に救貧法委員会書記となったエドウィン・チャドウィック（1800-90年）は『労働者の衛生状態に関する報告書』（1842年）を提出、それを契機として公衆衛生法（1848年）が制定された。チャドウィックは、コレラ伝染に関してミアズマ説を取り、実際、1849年のコレラ流行時には、首都下水道委員としてテムズ川への下水の一斉放流を実施、流行の拡大を招いたのだが、上水道の汚染を原因と見る医師ジョン・スノー（1813-58年）の説は無視され続け、ロンドンでは上水道よりも下水道の整備が優先された。それでも首都水道法（1852年）では、テムズ川からの取水はテディントン閘門より上流に限ること、地下水以外の水はすべて濾過することなどが定められた。ニュー・リヴァー会社は、1820年にロンドン・ブリッジ水道会社を、1856年にハムステッド水道会社を合併したが、他の水道会社は存続し、ようやく1904年になって首都水道局に統合された。

　ニュー・リヴァー会社は、1852年の首都水道法に従い、ニュー・リヴァーが屈曲するストーク・ニューイントンにある2つの貯水池（1833年）に沈殿槽を付け加えるとともに、揚水所（1856年）を新築した。同社技監ウィリアム・チャドウェル・ミルン（1781-1863年）は、エディンバラ、ホリールード宮殿を設計した建築家ロバート・ミルン（1633-1710）の玄孫で、スコットランドの城郭様式であるスコテッシュ・バロニアル様式*を用いてストーク・ニューイントン揚水所（pp.144-147）を設計した。中央の八角塔（高さ150フィート）は煙突で、エンジン室とボイラー室の界壁上に立つ。南西隅櫓（高さ120フィート）は円塔が立方体を支えるもので、それぞれスタンドパイプと鉄製螺旋階段、水槽を収める。北東隅櫓は円錐形屋根を戴く円塔で、鉄製螺旋階段が屋上に至る。これらが控壁で補強されたストック煉瓦壁で囲まれているが、頂部のバトルメントで隠された錬鉄製トラス屋根は、一部ガラス貼りで、そこからボウルトン＆ワット社製エンジン6基を収めるエンジン室に採光される。1995年、ニコラス・グリムショウ（1939年-）設計によりカッスル・クライミング・センターに改築された。

　1811年、グランド・ジャンクション運河会社に、コルン川、ブレント川等から同運河に流入する水を供給することが認可され、グランド・ジャンクション水道会社が創設された。しかしこの水はテムズ川の水よりも低質であることが判明、1820年にはテムズ川チェルシーから取水、1837年にはさらに上流のブレントフォードから取水することとなり、キュー・ブリッジ揚水所（pp.148-151）

*スコティッシュ・バロニアル様式（Scottish baronial style）：スコットランドの中世城郭建築は、バトルメント、マチコレーションといった城郭特有の建築要素に加え、フランスの影響を受けた円筒形隅櫓を有していたが、19世紀のゴシック・リヴァイヴァル運動下で、それにスコティッシュ・バロニアルという名が冠せられ、復興された。

が建てられた。エンジンハウス（1838年）はストック煉瓦造、2階建、錬鉄製フラット・バーを組んだ寄棟屋根の下に蒸気機関3基を収める。別棟コーニッシュ・エンジンハウス（1846年、増築1870年）は、煉瓦造・モルタル仕上げの壁に半円アーチの窓がうがたれた古典様式の建物で、シリンダーの直径がそれぞれ90インチ、100インチもある巨大コーニッシュ機関2基を収める。スタンドパイプのみの給水塔（1867年）は、高さ197フィート、ストック煉瓦造、コーニス上にドーム付き八角塔が聳えるイタリア様式の塔で、ここに揚げられた水が重力で周辺に給水される。1852年の首都水道法により取水口はハンプトンに移設されたが、ここは揚水所として1944年まで存続、1974年にキュー・ブリッジ蒸気博物館として再生された。

●給水塔

　給水塔は、各都市の上水道整備、すなわち公衆衛生の実践を高らかに謳うランドマークとなった。グールはハンバー湾に注ぐウーズ川の河港である。エア＆カルダー水路会社はキリングリー炭坑等の石炭を輸送し、それを積み出すノッティングリー・グール運河とグール港を計画、両者は、ジョン・レニーの死後、ジョージ・レザー（1786-1870年）により1826年に完成した。同社技師ウィリアム・ハモンド・バーソロミュー（1831-1919年）は、1865年以降、石炭を積んだコンパートメントをタグボートに載せて運航し、港の水圧昇降機でコンパートメントごと持ち上げて、石炭を運搬船に放出する、「トム・プディング」と呼ばれるシステムを導入し、グール港を活況に導いた。この水圧昇降機とともにグール港のランドマークとなったのが、「ソルト＆ペッパー・ポット」と通称されるグール給水塔（pp.152-153）である。古い赤煉瓦造の給水塔（1885年）は直径30フィートの円筒形鋳鉄製水槽を収める。その横に技師エドワード・ジョン・シルコックが新築した白い鉄筋コンクリート造の給水塔（1927年）は、直径90フィート、高さ22フィートの円筒形水槽を高さ123フィートの柱24本で支えたものである。

　古代ローマ帝国の属州ブリタニアの首都だったこともあるコルチェスターでは、古い市門跡に、市技監チャールズ・クレッグ（c.1855-c.1904年）設計により煉瓦造のコルチェスター給水塔（1883年、pp.154-155）が築かれたが、その余りの大きさにロンドン動物園の巨象の名をとって「ジャンボ」と揶揄された。中央角塔はスタンドパイプと螺旋階段を収める。他方、四辺の大半円アーチ上に巡らされたマチコレーションあるいはクレネレーション*が、55フィート7インチ四方、高さ12フィートの直方体鋳鉄製水槽を支え、その方形屋根の上に明り塔が載って、高さ131フィートに達する。何度か補修を重ねて使用されたが、1987年に不要となって売却され、さらに何度か転売されて未だに使途が定まっていない。

*クレネレーション（crenellation）：矢や銃を発射するために壁にあけられた狭間

2 | 下水道

●ロンドンの下水道事業

前述したように、ロンドンの下水道は、上水道より迅速かつ包括的に整備された。1856年に首都工事局が創設され、同局技師にジョゼフ・バザルジェット（1819−91年）が任命された。バザルジェットは、既存下水道がすべてテムズ川に向かい、そこに排水するように作られていることに着目し、テムズ川に平行して東西方向に幹線下水道を通せば、既存下水道の内容物を横取りして、テムズ川下流まで運んで排水できると考えた。具体的な計画は、テムズ川北部に3本、南部に2本の幹線下水道を通し、横取りした下水を北部ではアベイ・ミルズ揚水場からベクトン処理場まで、南部ではデトフォート揚水場からクロスネス処理場まで運んだ後、両者の下水貯蔵池から干潮時に放流するというものであった。幹線下水道は、最大のもので直径11.5フィート、厚さ18インチの煉瓦造、総延長82マイルにも及ぶ。その莫大な予算案は国会承認が得られなかったが、1858年の「ロンドン大悪臭」のおかげで予算案が通り、1859年から着工、南部側は1865年に完成した。北部側では、汚泥が蓄積していた川岸を埋め立て、堤防のほか、地下に下水道、地下道、メトロポリタン・ディストリクト鉄道を、地上に歩道と車道を通したヴィクトリア・エンバンクメント（1870年、図45）、チェルシー・エンバンクメント（1874年）等の工事が続き、ウェスタン揚水場竣工（1875年）をもって完成を見た。

北部アベイ・ミルズ揚水場（1868年、図46）は、バザルジェットの下でチャールズ・ヘンリー・ドライヴァー（1832−1900年）が設計した贅を凝らした「下水道の聖堂」である。ビザンチン様式*、ギリシャ十字形*の集中式平面の御堂で、中央部、八角形の吹抜けは明り塔から採光され、4つの翼部には2基ずつの蒸気機関が収められている。ミナレット*を思わせる2本の煙突は取り壊され、エキゾチックな外観が損なわれている。ウェスタン揚水場（1875年、p.156）は、北部の低位幹線下水道の上流に配された揚水場で、チェルシー水道会社敷地跡に建つ。建物本体はストック煉瓦壁が銅板葺きマンサード屋根を支えるフランス城郭風、高さ272フィートの煙突も同じくストック煉瓦造であるが、歯飾り*付きコーニス上に方形屋根を架けたイタリア鐘楼風で、付柱*状の凹凸がその高さを強調している。

クロスネス下水処理場（1865年、pp.157−161）は南部幹線下水道の終点で、揚水場と下水貯蔵池を擁する。チャールズ・ヘンリー・ドライヴァーが設計した元々の揚水場は、4基のジェームズ・ワット社蒸気機関を収めるエンジン棟、12基のコーニッシュ・ボイラーを収めるボイラー棟、鐘楼を思わせる高さ207フィートの煙突から成るが、後にエンジン棟北側に三段膨張式蒸気機関を収める棟が増築された。外壁は灰黄色ゴールト煉瓦*造、半円アーチに赤煉瓦を配して構造を色鮮やかに表現したヴェネチアン・ロマネスク様式*である。圧巻はエンジン棟内部にある八角形の吹抜けで、8本の円柱が半円アーチ、フ

[図45] ヴィクトリア・エンバンクメント、断面透視図、ロンドン、ジョゼフ・バザルジェット設計、1867年

[図46] アベイ・ミルズ揚水所、ロンドン、チャールズ・ヘンリー・ドライヴァー設計、1868年

*ビザンチン様式（Byzantine style）：ビザンチン帝国（東ローマ帝国、395−1453年）では、古代ローマ建築、初期キリスト教建築の伝統に東方諸国からの影響が加わり、集中式平面にドームを架け、内部をモザイクで装飾した教会建築が発展し、これがギリシャ正教・ロシア正教建築の原型となった。

*ギリシャ十字（Greek cross）：カトリック教などの西方教会では縦木が横木より長いラテン十字が用いられたが、ギリシャ正教・ロシア正教などの東方教会では縦木と横木が等しいギリシャ十字が用いられ、それが建築平面にも応用された。

*ミナレット（minaret）：イスラム教寺院＝モスク（mosque）に付属する塔

*歯飾り（dentil）：古典建築のコーニスに付けられた小直方体の連続装飾で、歯の並びに似ていることからその名が付けられた。

*付柱（pilaster）：古典建築で壁面に付けられた矩形断面の柱で、ピラスターともいう。

*ゴールト煉瓦（Gault brick）：ゴールトと呼ばれる青みがかった硬質粘土から作られる灰色色の煉瓦で、ヴィクトリア朝に流行した。

*ヴェネチアン・ロマネスク様式（Venetian Romanesque style）：ヴェネツィア大運河沿いの中世住宅などに見られる様式で、半円アーチを連ねたアーケード、煉瓦と大理石の多彩な組み合わせなどを特徴する。

*フリーズ（frieze）：古典建築のエンタブラチュア（＝梁）の中間部にある広い水平帯

リーズ*、2階手摺りを支えているが、それらすべてが鋳鉄製で赤や緑に塗られている。この極彩色の吹抜けを通って、長さ40フィートの鋳鉄製ビーム、直径27フィートのはずみ車をもつ蒸気機関に至る。6.5エーカーの下水貯蔵池周りには、職員家族用のコテジ、学校、クラブ等が建てられたが、下水貯蔵池そのものは、1889年、石灰と硫酸鉄を用いる蓋付き沈殿池に改良された。

3 ガス

●石炭ガスの実用化

　炭坑内には、爆発性の石炭ガスが満ちていた。またアブラハム・ダービーⅠ世が始めたコークス高炉製鉄では、大量のコークスが入用となり、石炭を乾溜してコークスを製造した。その際、副産物としてタールと石炭ガスが生み出されたのだが、前者がコーキング材として利用されるだけで、後者は空中に放出されるばかりであった。この炭坑で自然発生し、製鉄所で人為的に大量生産される石炭ガスを使わない手はなかろう。まずそれを照明に利用しようとしたのが、フランス人フィリップ・ルボン（1767-1804年）とイギリス人ウィリアム・マードック（1754-1839年）であった。マードックはボウルトン・ワット社技師で、1798年にバーミンガム、ソーホーにある同社工場において、直径12インチ、長さ30インチの縦型鋳鉄製レトルト（乾溜器）で石炭ガスを発生させ、それによって工場を照明した。さらに1806年にはマンチェスター、ソルフォードのフィリップス&リー社紡績工場 [図47] の照明用として、壺形レトルト6基を設置、そこで発生させた石炭ガスを、水力バルブ、乾式集気管、空気冷却器を通し、立方体の鉄板製ホルダーに一旦貯蔵し、そこから別の管を通してガス灯——当初は50台、後に904台まで増設された——まで導く一連の生産—輸送—消費ラインを作り上げた。

　ボウルトン・ワット社でマードックに師事したサミュエル・クレッグ（1781-1861年）は、1805年に同社を退社した後、ハリファックス近郊にあるヘンリー・ロッジの紡績工場にガス装置を設置、また石灰浸漬機、滞水集気管を次々と発明した。1813年にはロンドン、ストランドにあるルドルフ・アッカーマンの住宅と石版印刷工房 [図48] に、横型鋳鉄製レトルト2基、滞水集気管、石灰浸漬機から成るガス装置を設置、48台のガス灯、32台の金属加熱用バーナーに石炭ガスを供給した。

　マードックやクレッグのガス装置は、ランプ・オイルや蠟燭の価格高騰とそれによる火災に悩まされていた紡績工場の照明用としていち早く導入されたが、これらはいずれも個々の工場内で自給自足したガス装置にすぎなかった。都市全域にわたって石炭ガスを大量生産—輸送—消費するシステムを作り上げたのが、イギリスに帰化したドイツ人フレデリック・アルバート・ウィンザー（フリードリヒ・アルブレヒト・ヴィンツァー、1763-1830年）であった。彼はまず1806年に「現在の水の供給と同一原理に基づき、街路と住宅に光熱を供給するた

[図47] フィリップス&リー社紡績工場・ガス製造装置、ソルフォード、マンチェスター、ウィリアム・マードック設計、1806年

[図48] ルドルフ・アッカーマン邸および石版印刷工房・ガス製造装置、ストランド、ロンドン、サミュエル・クレッグ設計、1813年

めの国民光熱会社」設立の運動を開始、1807年にロンドン、ペルメルからカールトン・ハウスまでガス管を引いてガス灯をつける実演を成功させた後、1812年にガス灯・コークス会社を設立した。1813年、サミュエル・クレッグが同社に入り、グレート・ピーター通り工場（1813年）、ロイヤル・ミント工場（1817年）の設備を設計した。この間、1815年にウィンザーはパリでガス灯会社を設立すべく同社を去り、1817年には、他社、ロンドン市ガス灯・コークス会社（1912年創設）のホワイトチャペル工場設備を設計したことを非難され、クレッグも同社を退いた。クレッグは、1821-23年に帝国ガス灯・コークス会社（1821年創設）の顧問技師として、セント・パンクラス工場等の設備を設計、また1828年には同社の主任技師として、フラム工場の設備を設計した。ガス灯・コークス会社は、1870年以降、上記のロンドン市ガス灯・コークス会社、帝国ガス灯・コークス会社等、ロンドンのガス会社を統合し、第二次大戦後の1949年に国有化された。

●ガスホルダー

帝国ガス灯・コークス会社フラム工場、第2号ガスホルダー（1830年、図49）は同社技師ジョン・カーカムの設計、直径100フィート、高さ30フィート、放射形をなす錬鉄製トラスで頂部を支えた鉄板製円筒＝「チューブ」が、貯蔵するガス量の多少に応じ、外周に自立する12本の鋳鉄製支柱をガイドとして伸び縮みする。この支柱は垂直材と斜材をリングで繋いだ三角形を鼎立したもので、こうしたリングを連結材とする構造は、キングズ・クロス駅のトレイン・シェッドで応用されることになる。同社セント・パンクラス工場は、東をキングズ・クロス駅とグレート・ノーザン鉄道、西をセント・パンクラス駅とミッドランド鉄道、北をリージェンツ運河ではさまれた狭い三角形の敷地に建てられた。工場は建築家フランシス・エドワーズ（1784-1857年）の設計、第10・11・12号ガスホルダー（1879-80年、pp.162-164）は同社技師ジョン・クラークの設計で、入れ子になった鉄板製円筒＝実の「チューブ」が、中空鋳鉄柱を錬鉄製ラチス・トラスで繋いだ3層のガイド・フレーム＝虚の「チューブ」に沿って伸縮する。敷地が狭いため、3つのガイド・フレームを繋いだ「三つ子」のガスホルダーとして名高い。第8号ガスホルダー（1883年）も同じくジョン・クラークの設計、1対の中空鋳鉄柱、八角形の台座を錬鉄製ラチス・トラスで繋いだ2層のガイド・フレームをもつ。セント・パンクラス工場は1907年に閉鎖、1997年にセント・パンクラス駅へのロンドン&コンチネンタル鉄道（ユーロスター）の乗り入れが決定された後、ガスホルダーはリージェンツ運河北側敷地への移築を約して解体された。

ロンドン・ガス会社（1819年創設、1883年にガス灯・コークス会社に統合）は、ナイン・エルムズ工場の爆発事故（1865年）後、旧ロンドン・ブライトン&サウス・コースト鉄道と旧ロンドン・チャタム&ドーヴァー鉄道の2本の線路に挟まれたバターシーの敷地に、同社主任技師ロバート・モートン（1834-1911年）設計によるガスホルダーを建てた。第5号ガスホルダー（1876年）は高さ60フィート

[図49] 帝国ガス灯・コークス会社フラム工場、第2号ガスホルダー、フラム、ロンドン、ジョン・カーカム設計、1830年

の鋳鉄製ドリス式円柱頂部を梁で結んだ単層のガイド・フレームを、第6号ガスホルダー（1882年、p.165）は錬鉄製ボックス・ラチス柱の頂部を同じくボックス・ラチス梁で、途中を2本のラチス梁で結び、各層に筋交を入れた3層のガイド・フレームをもつ。第7号ガスホルダー（1932年）はドイツ、マン社製ピストン式ガスホルダーで、高さ295フィートのシリンダー＝実の「チューブ」が他を圧倒している。

4 ｜ 電気

●汎用エネルギーとしての電気

　ガスを燃焼させた「火」は、照明、暖房、調理用に使われた。さらにそれを動力に変換するガス機関が、1860年にエティエンヌ・ルノワール（1822-1900年）によって発明され、1867年にはニコラウス・オットー（1832-1891年）によって改良されて、内燃機関発展の端緒を拓くことになる。その汎用エネルギーとしてのガスに取って代わったのが、「火」のない電気であった。

　電気も、ガスと同様、最初は照明用に用いられた。イギリス人化学者ハンフリー・デイヴィー（1778-1829年）はヴォルタの電堆*を用いた電気分解により、カリウムやナトリウムを初めとする6つの元素の単離に成功したことで知られるが、1802年には、ヴォルタの電堆に繋いだ2本の炭素棒間に生ずる火花—アーク光*を観察した。その助手を務めたマイケル・ファラデー（1791-1867年）は、1831年に電磁誘導を発見、原始的な発電機を製作する一方で、1836-65年にはイングランドその他の灯台を管理するトリニティ・ハウスの科学顧問として活躍した。フレデリック・ヘール・ホームズ（c.1811-75年）は、1857年、蒸気機関駆動の磁石発電機でアーク灯を灯す実験を行ったが、それを観察したファラデーはアーク灯のちらつきのない強い光を高く評価したため、ドーヴァー海峡に臨むサウス・フォラランド灯台やダンジネス灯台に導入されることになった。

　他方、発電機については、1866年にヴェルナー・フォン・ジーメンス（1816-92年）が電機子*の回転により固定した界磁*で電流を発生させる電磁発電機を発明、1869年にゼノブ・テオフィル・グラム（1826-1901年）が環状電機子を用いた実用的な電磁発電機を発明した。このグラム発電機が、1870年代にアーク灯の電源として利用された。1876年、ロシア陸軍工兵であったパヴァル・ヤブロチコフ（1847-94年）が発明したアーク灯、通称ヤブロチコフ・キャンドルは、1877年にロンドンの西インド・ドックで試験され、翌年にはヴィクトリア・エンバンクメントの街灯として試験導入された［図50］。

　ヤブロチコフ・キャンドルは、絶縁した2本の炭層棒に電流を通してアーク光を発生させるものであるが、ちょうど蠟燭の炎が蠟を喰い尽くすように、アーク光が炭素棒を焼き尽くしてしまう。それに取って代わるのが、1878年にジョゼフ・スワン（1828-1914年）が発明した白熱灯であった。アメリカ人トマス・

*ヴォルタの電堆(voltaic pile)：イタリアの物理学者アレッサンドロ・ヴォルタ（1745-1827年）は、1800年、銅板と亜鉛板を交互に積み重ね、硫酸または食塩水中に浸したものから電流を取り出し、これが電池の原型となった。
*アーク(arc)：2本の炭素棒に電流を通すと、先端間でアーチ状の放電が起き、まばゆい光を発する。このアークを用いた照明をアーク灯と言う。

*電気子(armature)：発電機において磁界を発生させる回転子（rotor）で、界磁の作る磁界内を回転させることで電流を得る。
*界磁(field system)：発電機において磁界を発生させる固定子（stator）

［図50］ヤブロチコフ・キャンドルの街灯、ヴィクトリア・エンバンクメント、ロンドン、ヤブロチコフ電灯・電力社、1878年

[図51] クラグサイド、階段室 (ジョゼフ・スワンの電灯設置、1880年)、ロスベリー、ノーザンバーランド、リチャード・ノーマン・ショウ設計、1885年

[図52] デトフォード火力発電所、デトフォード、ロンドン、セバスチャン・ジアーニ・ド・フェランティ設計、1889年

[図53] デトフォード火力発電所、内観

エディソン (1847−1931年) は、1879年に炭素フィラメント*を用いた白熱灯の特許を取得したため、白熱灯の発明者と言われるが、スワンの方が先行していた。エジディソンが竹を炭化させたフィラメントを用いたのに対し、スワンはまず炭素紙の細帯を、後にセルロースの細糸——この製造工程は1883年に特許となり、後年の人絹*製造の基となった——をフィラメントに使用した。スワンは、この白熱灯を1880年に友人のウィリアム・アームストロング邸、クラグサイドに導入 [図51]、アームストロングの水タービンで駆動する発電機でそれを灯した。これがイギリス初の水力発電と言われている。さらにスワンは、1881年にスワン電灯会社を興し、ロンドンのサヴォイ劇場に824個の白熱灯を納入、翌年にはロンドン市長公邸、大英博物館、王立アカデミーにも納入した。

●火力発電所

セバスチャン・ジアーニ・ド・フェランティ (1864−1930年) は、個々の建物で自家発電するのではなく、一ヶ所で発電し、それを個々の建物に送電して照明その他で用いるという高電圧交流の発電—送電—変圧システムを提唱、実験した。彼は、ロンドン配電会社 (1887年創設) のデトフォード火力発電所 (1889年、図52・53) に、1250馬力のコーリス型三段膨張蒸気機関で駆動する5000ボルトのフェランティ交流発電機を2基設置、そこで発電した1万ボルトの交流をワックス紙で絶縁したケーブルによって送電し、それを並列変圧器で1万ボルトから2500ボルトへ、2500ボルトから100ボルトへと二段階で変圧した。発電所の敷地は、送電損失を軽減するため送電先近くに求められ、ボイラー用の水を取り、蒸気機関の水蒸気を冷却し、石炭を輸送、荷揚げするのに便利なテムズ川南岸デトフォードが選ばれた。建物は、全長210フィート、幅195フィートの箱型で、中央にゴシック様式の尖頭アーチ、両側に高さ350フィートの角柱煙突2本を配したシンメトリカルな立面を、テムズ川に向けていた。

そこから少し下ったテムズ川南岸に建つのが、68マイルに及ぶLCC市電網に配電したグリニッジ火力発電所 (1906年、図54) である。切妻屋根をテムズ川に向けた鉄骨造・ストック煉瓦貼り (一部ポートランド石*貼り) 2棟を並べた建物に、ヤロウ・ボイラー*24基の水蒸気で往復蒸気機関・3500キロワット交流発電機4基を駆動させ、6600ボルトの三相交流を配電する設備が収められている。設計者のLCC建築局主任建築家W.E.ライリー (1852−1937年) は、各妻面上部に大ディオクレティアヌス・ウィンドウ*をとり、そのアーチ迫元*を支えるように分厚い控壁を立ち上げるとともに、同種のレリーフ状の控壁を側面や付属屋にも巡らせている。ボイラー棟側壁から、高さ182フィート、途中シエナ風マチコレーションで分節された八角柱の煙突2本が聳え立つ。1910年に蒸気タービン・5000キロワット交流発電機4基が増設された際、グリニッジ天文台の反対から当初と同じ高さに抑えた煙突2本が付加された。

テムズ川を西に遡行、かつてサザック・ヴォクソール水道会社の貯水池があったテムズ川南岸15エーカーの敷地に、既存の民間電力会社を統合したロンドン電力会社 (1925年創設) のバターシー火力発電所 (A棟1933年、B棟1953年、

pp.166-169) が建つ。西半分A棟は鉄骨造・煉瓦貼り、ボイラー9基、69メガワットの蒸気タービン・発電機2組、105メガワットの蒸気タービン・発電機1組を収め、南北両端にドリス式円柱を模した高さ338フィート、鉄筋コンクリート造の煙突が聳える。原設計者、マンチェスターの建築家ジェームズ・セオドア・ハリデー（1882-1932年）は、蒸気タービン・発電機を収めるタービン・ホール内部［図55］をアールデコ様式*で設計、イタリア大理石貼りの壁、寄木細工の床、錬鉄製階段で飾った。ジャイルズ・ギルバート・スコット（1880-1960年）は、亡命ユダヤ人建築家が近代建築を持ち込んだ1930年代のイギリス建築界にあって、伝統主義と近代主義の中道を模索した大家で、この発電所の設計には途中から参画して外観のみを修正した。階段状に盛り上がる台座*—柱基に縦モールディング*を付け、ドリス式円柱の柱身に刻まれたフルーティング*へと繋げることで、アールデコ様式と古典様式を接木しつつ、煙突の高さを一層引き立てている。東半分B棟も同型の建物で、ボイラー6基、計100メガワットの蒸気タービン・発電機2組、計72メガワットの蒸気タービン・発電機1組を収めている。ボイラー室を中心にA棟、B棟を鏡像対称に配置することで、現在見られるような双塔の正面と背面が形作られた。A棟は1975年、B棟は1981年に操業停止、以後幾多の再開発計画が建ち消えとなったが、2012年にマレーシアの企業連合が落札して再開発計画を進めている。

第二次大戦後、ロンドン電力会社——1948年に国有化されて英国電力公社（現・中央発電委員会）となる——は、戦後の電力需要増を見込んで、1891年以降ロンドン市電灯会社の発電所があったテムズ川南岸の敷地に、石油を燃料とするバンクサイド火力発電所（現テート・モダン、I期1953年、II期1963年、pp.170-171）を建設した。またしても設計者に選ばれたジャイルズ・ギルバート・スコットは、中央に高さ325フィートの煉瓦造煙突1本だけが立つ鉄骨造・煉瓦貼りの建物をまとめ上げた。屋階の鋳鉄製洗浄室を通して無煙の排気ガスを吐き出す煙突を鐘楼のように地面から立ち上げ、それに呼応してレリーフ状の壁、窓方立を垂直に伸ばし、それらの頂部に古代ギリシャ・ローマ建築装飾を思わせるモールディングを巡らせている。ここに「モールディングとは光と陰を生み出すために用いられる一装飾形態である」とするスコットの設計手法をうかがうことができる。バンクサイド火力発電所は1981年に操業停止した後、1994年にテート・ギャラリーに買い取られ、競技設計に勝利したスイス人建築家ヘルツォーク（ジャック・ヘルツォーグ、1950年-）&ド・ムーロン（ピエール・ド・ムーロン、1950年-）によって改修され、2000年にテート・モダンとして開業した。ヘルツォーク&ド・ムーロンは、かつて蒸気タービン・発電機を収めていた「チューブ」状の大空間を美術館のエントランス・ホールに変え、それを見下ろす大きな額縁で縁取られたバルコニー、つまりバルコニーから下を「見る」群衆を下から「見られる」絵画に変換してしまう仕掛けを新たに付け加えた。

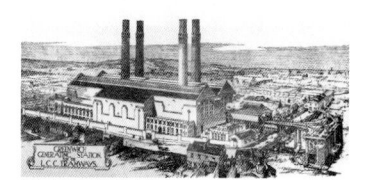

［図54］グリニッジ火力発電所、グリニッジ、ロンドン、W.E.ライリー設計、1906年

［図55］バターシー火力発電所、A棟内観、バターシー、ロンドン、ジェームズ・セオドア・ハリディ設計、1933年

*アールデコ様式（Art Deco style）：1925年にパリで開催された現代産業装飾美術万国博覧会を席巻した様式で、ピラミッドのような階段形、太陽光のよう放射形、稲妻のようなジグザク形等、幾何学図形に基づき機械生産可能な装飾モチーフが用いられた。
*台座（plinth）：古典建築の柱を載せる台石
*モールディング（moulding）：建築や家具に付けられる帯状の装飾。繰形ともいう。
*フルーティング（fluting）：柱などに付けられる縦溝装飾

ホウデン・ダム、ダーウェント川上流、ダービーシャーとサウス・ヨークシャー／エドワード・サンドマン他設計、1901−12年───
Howden Dam, Upper Derwent Valley, Derbyshire and South Yorkshire
シェフィールド、ダービー、ノッティンガム、レスター等に給水するため、ダーウェント川上流に3つの貯水池が建設された。その最上流に位置する
ホウデン・ダムは石造・越流ダムで、満水時には中世城郭を思わせる1対の櫓（ウィリアム・フロックハート意匠設計）の間から水が溢れ出す。

ホウデン・ダム、越流部
木々の合間から城郭様式の櫓とそれに挟まれた越流部が垣間見える。

ホウデン・ダム、越流部
ダムを越え出た水は、斜面の石の凹凸によって細かい漣となる。

ダーウェント・ダム、ダーウェント川上流、ダービーシャー／エドワード・サンドマン他設計、1902-16年―――Derwent Dam, Upper Derwent Valley, Derbyshire
ホウデン・ダムから1.5マイル下流にあるダーウェント・ダムも、同様の規模、様式で建設された。

ストーク・ニューイントン揚水所（現カッスル・クライミング・センター）、ストーク・ニューイントン、ロンドン／ウィリアム・チャドウェル・ミルン設計、1856年———Stoke Newington Pumping Station, Stoke Newington, London
ロンドンの水道事業は17世紀初頭のニュー・リヴァーの建設から始まるが、19世紀になってニュー・リヴァーの屈曲部、ストーク・ニューイントンにある2つの貯水池に沈殿槽が設けられ、揚水所が新築された。エンジン室とボイラー室は一部ガラス貼りの錬鉄製トラス屋根から採光され、その界壁上に中央の八角塔（＝煙突）が立つ。

ストーク・ニューイントン揚水所、北東隅櫓内観
北東隅櫓は円錐形屋根を戴く円塔で、鉄製螺旋階段が屋上まで通じている。

キュー・ブリッジ揚水所(現ロンドン水道・蒸気博物館)、ブレントフォード、ロンドン／ウィリアム・アンダーソン配置計画、
1837年–———Kew Bridge Pumping Station (London Museum of Water and Steam), Brentford, London

グランド・ジャンクション水道会社は、1837年にテムズ川上流のブレントフォードから取水することになり、キュー・ブリッジ揚水所を新築した。イタリア様式のエンジンハウス（1838年）、古典様式のコーニッシュ・エンジンハウス（1846年、増築1870年）は、ともに巨大な蒸気機関を収める。スタンドパイプのみの給水塔（1867年）はイタリア様式の塔で、コーニス上にドーム付き八角塔が聳える。

キュー・ブリッジ揚水所(現ロンドン水道・蒸気博物館)、さまざまな蒸気機関
コーニッシュ・エンジンハウスに収められた「グランド・ジャンクション100インチ・エンジン」(1869年)は、シリンダーの直径が100インチもある巨大コーニッシュ機関で、鋳鉄製ドリス式円柱がビームの回転軸を支持する(p.150)。(p.151)左上は、同棟「グランド・ジャンクション90インチ・エンジン」(1846年)のシリンダー頂部を示す。左下と右下は、それぞれ他所から移設、展示されている双発機関(1867年)と3段膨張機関(1910年)である。

グール給水塔、グール、イースト・ヨークシャー／旧塔—1885年、新塔—エドワード・ジョン・シルコック設計、1927年———
Goole Water Tower, Goole, East Yorkshire

石炭積出港として発達したグール港のランドマークの一つ。旧塔は赤煉瓦造、新塔は白い鉄筋コンクリート造の円筒形給水塔で、
その色と形から「ソルト＆ペッパー・ポット」と通称されている。

コルチェスター給水塔、コルチェスター、エセックス／チャールズ・クレッグ設計、1883年─────Colchester Water Tower, Colchester, Essex

古都コルチェスターの市門跡に建てられた赤煉瓦造の給水塔。四辺の大半円アーチとマチコレーションが鋳鉄製の直方体水槽を支え、中央の角柱はスタンドパイプと螺旋階段を収める。その巨大さから「ジャンボ」というあだ名が付けられた。

ウェスタン揚水所、ロンドン／ジョゼフ・バザルジェット他設計、1875年―――Western Pumping Station, London
ロンドンの下水道は、ジョゼフ・バザルジェット率いる首都工事局（1856年創設）によって整備された。ウェスタン揚水所は、北部低位幹線下水道の
上流に配された揚水所で、ストック煉瓦造でフランス城郭風の主屋、イタリア鐘楼風の煙突が建てられた。

クロスネス下水処理場、ベクスリー、ロンドン／ジョゼフ・バザルジェット、チャールズ・ヘンリー・ドライヴァー設計、1865年———
Crossness Pumping Station, Bexley, London
クロスネス下水処理場は南部幹線下水道の終点で、多彩なヴェネチアン・ロマネスク様式でエンジン棟、ボイラー棟、煙突等が建てられた。

クロスネス下水処理場、エンジン棟2階（ビーム階）
巨大なジェームズ・ワット社製蒸気機関のビームが並ぶ。

クロスネス下水処理場、エンジン棟吹抜け
エンジン棟中央にとられた八角形の吹抜けでは、8本の円柱が半円アーチ、フリーズ、2階手摺を支えており、それらすべてが鋳鉄製で赤や緑の極彩色で彩られている。

セント・パンクラス第10・11・12号ガスホルダー、セント・パンクラス、ロンドン／ジョン・クラーク設計、1879年———
St. Pancras No.11, 12, 13 Gasholders, St. Pancras, London

中空鋳鉄柱を錬鉄製ラチス・トラスで繋いだ3層のガイド・フレーム内で、ガスの貯蔵量に応じて鉄板製円筒が垂直方向に伸び縮みする。
セント・パンクラス駅とリージェンツ運河に挟まれた狭い敷地に計画されたため、3つのガイド・フレームが連結された。

セント・パンクラス第10・11・12号ガスホルダー、ガイド・フレーム
「三つ子」のガイド・フレームが折り重なって見える。

バターシー第6号ガスホルダー、バターシー、ロンドン／ロバート・モートン設計、1882年———Battersea No.6 Gasholder, Battersea, London
2本の鉄道線路で囲まれた敷地に、鋳鉄製ボックス・ラチス柱の頂部をボックス・ラチス梁で結んだガイド・フレームをもつガスホルダーが建てられた。

バターシー火力発電所、バターシー、ロンドン／ジェームズ・セオドア・ハリデー、ジャイルズ・ギルバート・スコット設計、A 棟1933年、B棟1953年————
Battersea Power Station, Battersea, London
A棟、B棟はともに鉄骨造・煉瓦貼りの建物で、それぞれの南北両端からドリス式円柱を模した鉄筋コンクリート造の煙突が立ち上がる。後から設計に参加した
ジャイルズ・ギルバート・スコットは、煉瓦の外壁を階段状に盛り上げ、かつ縦モールディングを付けることで、ドリス式円柱の台座－柱基を巧みに造形した。

バターシー火力発電所、煙突詳細
煉瓦壁に施された縦モールディングがドリス式円柱のフルーティングに呼応して、垂直性が強調されている。
B棟の竣工によって、大聖堂を思わせる双塔の正面と背面が形作られた。

バンクサイド火力発電所（現テート・モダン）、サウス・バンク、ロンドン／ジャイルズ・ギルバート・スコット設計、Ⅰ期1953年、Ⅱ期1963年／改築
ヘルツォーグ＆ド・ムーロン設計、2000年―――Bankside Power Station (Tate Modern), South Bank, London

サウスバンク火力発電所は鉄骨造・煉瓦貼りの発電所で、中央に煉瓦造煙突1本のみが立つ。
ここでもまたジャイルズ・ギルバート・スコットはレリーフ状の壁、窓方立、モールディングで煉瓦壁に陰影を与えている。
ヘルツォーグ＆ド・ムーロンの改築により、かつてのタービン・ホールが美術館のエントランス・ホールとして再生された。

V

生産施設

1 | 紡績業

●水力紡績機の発明と工場制機械生産の確立

　動力機械と自動機械の発明という技術革新によって、資本家が一定の貨幣を投下して原料、設備などの生産手段を購入し、また賃金労働者たちを雇用して一定の生産に従事させ、その生産物を商品として販売するという工場制機械生産が確立された。その口火を切ったのが、ジェームズ・ワットによる蒸気機関の発明と、リチャード・アークライトによる水力紡績機の発明であり、ともに1769年に特許を取得している。しかし蒸気機関が普及する前、まずは「水」で駆動する紡績機によって綿糸の工場制機械生産が開始されたのである。

　アークライトの水力紡績機 [図56] は、木製フレーム頂部のボビン（糸巻管）から出た粗糸がまずローラーで引き伸ばされ、次にフレーム下部のフライヤーで撚りをかけられた後、スピンドル（紡錘）に巻き取られるというメカニズムをもち、水車を動力とする。ジェームズ・ハーグリーヴズ（c.1720－78年）によるジェニー紡績機（1764年）では、綿布やメリヤス用の細い横糸しか紡げなかったが、これにより太い縦糸を紡ぐことが可能となった。ちなみにサミュエル・クロンプトン（1753－1827年）が、水力紡績機の欠点をジェニー紡績機で補い、横糸にも縦糸にも使える細くて強い糸を紡ぐことができる紡績機を発明、それをウマとロバの合いの子、ラバを意味するミュール紡績機（1779年）と名付けた。後にリチャード・ロバーツ（1789－1864年）がそれを自動化し、自動ミュール紡績機（1825年、図57）を作り出した。

[図56] 水力紡績機、リチャード・アークライト考案、1769年

[図57] 自動ミュール紡績機、リチャード・ロバーツ考案、1825年

●リチャード・アークライトによる紡績工場の建設

　以後の紡績機の改良はさておき、アークライトに話を戻そう。アークライトは、1771年、メリヤス業者と組んで、トレント川の支流、ダーウェント川沿いのクロムフォードに、全長97フィート、石造5階建の紡績工場（下3階現存）を建設、さらに1777年には、全長120フィート、中央部に上射式水車2基を配した石造7階建の第二工場（焼失）を建設した。そしてその周辺に砂岩造3階建の労働者用住宅（1770年代）、礼拝堂（1777年）、グレイハウンド・イン（1779年）等を次々と建て、家父長的な「工業村」を築いていった。その画龍点睛として、1782年にダーウェント川上流西岸高台の地所を購入し、城郭様式を加味した古典様式の居館、ウィズリー・カッスルの建設を開始する一方、そこから見下ろす川岸に第三工場、マッソン紡績工場（1783年、pp.184-187）を建設した。

　マッソン紡績工場は、全長144フィート、幅28フィート、石造基礎の上に建

つ赤煉瓦造5階建の建物で、中央突出部に階段とサービス諸室を収め、各階の開放された床に水力紡績機を配置する。様式はアークライト自身の言う「現在大層流行っているイタリア様式」で、中央突出部の壁に石枠付きヴェネチアン・ウィンドウ*と半円窓を規則的に配し、頂部に鐘楼を載せ、隅部に石造隅石を付けて建物輪郭を引き立てている。当初はパラペット*で緩勾配屋根を隠していたが、1800年頃に勾配屋根を露わした6階建に増改築された。当初の動力源は水車1基しかなかったが、増改築とほぼ同じ1801年に水車が2基に増設された。そしてその夜景は、作家ウィリアム・アダムによって「広々とした紡績工場、その何百もの光が川と深い緑に映え、滝の水音に水車のくぐもった音が混じり合う」(1840年)と謳われた。中央に階段室塔を配することで、モニュメンタルな立面ばかりでなく、両面採光された明るく開放的な平面、すなわち均質な「チューブ」空間が獲得されたが、それがニュー・ラナークを経由してアメリカの紡績工場にも影響を与えることになる。後年、建物北側にエンジンハウスと煙突(1911年)、南側に煉瓦造のマッソン・タワー(1911年)とグレン・ミル(1928年)が増築された。

●ロバート・オーエンによる工業村の「統治」

　アークライトは、水力紡績機動力用の水流を求めて、ミッドランドはもとよりスコットランドにまで足を伸ばした。1784年、アークライトはグラスゴーの紡績業者・銀行家、デヴィット・デール(1739-1806年)に連れられ、グラスゴー南東を流れるクライド川を遡行し、後にニュー・ラナークと命名されることになる地所が紡績工場の立地に最適であると見て、共同で工場とそれに附属する労働者住宅等の建設に着手した。工事中、両者は鐘楼の位置を巡る争いから共同事業を解消、以後デールが単独で建設を進め、1786年から工場の操業を開始した。

　同じ頃、マンチェスターでは、綾織綿布(ファスチアン)業者ピーター・ドリンクウォーター(1750-1801年)が蒸気機関を動力とするピカデリー紡績工場(1789年)を建設していた。その支配人となったロバート・オーエン(1771-1858年)は同工場を軌道に乗せた後に独立、紡績業を自営していたが、デールの長女との結婚を機に、デールからニュー・ラナークの地所、工場、住宅等合財を購入、1800年の新年を期してニュー・ラナークの「統治」、すなわち工場経営に資するため、工場労働者の労働条件はもとより生活全般を改良する事業を開始した。しかしそれに反対する他の合資者との対立から、1813年に工場が競売に付されたが、思想家ジェレミー・ベンサム(1748-1832年)を初めとする別の合資者を募ったオーエンが競り勝って、「統治」を継続することができた。またそこでの成果を踏まえた理想的共同体論を『ラナーク州への報告』(1820年)等で発表し、それを実現するために、1825年にはニュー・ラナークを長男ロバート・デール・オーエン(1801-77年)に委ねて渡米した。

　ニュー・ラナーク(pp.188-193)は、南東から北西グラスゴーに向かって流れるクライド川右岸に立地し、川沿い、水車を駆動させるために引いた導水

*ヴェネチアン・ウィンドウ(Venetian window):ヴェネツィアとその周辺で見られる、中央に半円アーチ、両側に矩形の開口部を配した窓。イタリアの後期ルネサンス(マニエリスム)の建築家アンドレア・パラディオ(1508-1580年)が多用したため、それを模範としたイギリスのパラディアニズム(Palladianism)では重要なモチーフとなった。
*パラペット(parapet):建物の屋根先端を保護するために立ち上げられた低い壁

路との間に工場4棟が立ち並ぶ。下流側の第1工場（1785年、焼失後1789年再建）は、全長154フィート、幅27フィート、高さ60フィート、階段室を他から切り離した平面をもつ地元産砂岩造5階建の建物で、マッソン紡績工場と同様、階段室をゲーブル*、半円形窓、ヴェネチアン・ウィンドウで飾り、基礎に3基の水車を備えている。第2工場（1789年）はそれと同じ規模と細部をもち、鈍角をなして接している。第3工場（1792年、焼失後1826年再建）は、オーエン「統治」下で再建された唯一の工場で、規模は小さく、細部も簡素化され、中央のペディメントに楕円形窓がとられているだけである。第4工場（c.1793年、焼失）は、全長156フィート、幅33フィート、高さ70フィートの倉庫・工房で、当初は275人の児童労働者——デールは慈善事業の傍らで、労働力を補うために孤児を集めてきていた——の寄宿舎として使われていたが、焼失後、再建されなかった。さらに上流側には、鋳物工房、機械工房、照明用のガス製造所と煙突等が続く。

　オーエンは、人間の性格は外部環境によって形成されると考え、第4工場と導水路の北東側に性格形成学院（1816年）を新築した。それは教室、読書室、講堂等を収める3階建の建物で、正面中央にペディメントを付け、階段とポーチを突き出している。導水路の南西側、川沿いに建つ3階建の学校（1817年）は、大部屋2室、読書室兼講堂と大教室を収め、正面中央の突出部にペディメントを戴く。アプローチ道路に沿った高台中央に建つニュー・ビルディング（1798年）は、住戸と集会室を収める4階建の建物で、正面中央のペディメントの上に鐘楼が聳える。その南東側に上記児童労働者を収容するナーサリー（1809年）と店舗が並び、さらにスコットランド高地地方から雇い入れた労働者用の長屋、ケイスネス・ロウが続く。ニュー・ビルディングの北西側、アプローチ道路に沿ってブラックスフィールド・ロウと2軒の戸建住宅——デール家別荘と支配人住宅（1800年から数年間、オーエン邸として使用された）——が建ち、そこから分岐したローズデール通りの両側にロング・ロウ、ダブル・ロウ、ウィー・ロウという長屋が建ち並ぶ。これら1790年代に建てられた長屋に、オーエン「統治」期には2500人の住民が暮らしていたという。しかし、前述したように、1785年に蒸気機関が紡績工場の動力として採用されるや、紡績工場は原材料である綿花の輸入港リヴァプールに近く、かつ燃料である石炭の産地に近いマンチェスターやランカシャー南部に集中していき、水の豊かな川岸に建つアークライト式紡績工場は姿を消すことになる。

*ゲーブル（gable）：切妻壁

2 ｜ 製鉄業

●製鉄法の技術革新と中心地の変遷

　「地」から産出された石炭と鉄鉱石を加工する、すなわち石炭を乾留したコークスによって鉄鉱石を溶解して、鉄（銑鉄・鋳鉄、錬鉄、鋼鉄）を作り、その鉄によって蒸気機関を作る。逆に石炭を燃料とする蒸気機関を、炭鉱の

揚水や巻上げに使う一方、溶鉱炉への送風用動力として使う。炭鉱業と製鉄業における技術革新が蒸気機関の改良を促し、その蒸気機関が炭鉱業と製鉄業を拡大させる。しかもイギリスでは石炭と鉄鉱石は同じ地域に産するので、採鉱した石炭と鉄鉱石の種類に応じた新たな製鉄法が考案されると、その地域で炭鉱業と製鉄業がもたれあった形で発展していく。こうして製鉄法の技術革新に伴い炭鉱業と製鉄業の中心地が移り変わっていったのである。

●木炭製鉄

　18世紀以前のイギリスでは、製鉄（製銑）所で鉄鉱石から銑鉄*を作った後、それを鋳造所で鋳造して鋳鉄*品を作る、あるいは精錬所で鍛造して錬鉄*品を作るという2工程からなる間接製鉄法が一般化していた。製鉄所では、溶鉱炉に原料の鉄鉱石の他、燃料の木炭、融剤の石灰石を一緒に入れ、そこに水力駆動のふいごから送風して高温で溶融した後、スラグ*を取り除いた銑鉄を砂型に流して成形した。出来上がった銑鉄は、1本の幹から直交方向に何本もの枝を伸ばした形をしており、雌豚に群がる子豚の姿に似ていることからピッグアイアンと称され、これが鋳造所や精錬所に売り渡された。こうした製鉄法を採る製鉄所は、木炭を産し、かつ水流も利用できるイングランド南部のウィールド地方に集中して建てられた。が、そこでも木炭が枯渇するようになり、製鉄所は木炭の原料となる低木を求めて、ファーネス地方、シュロップシャー、ウェールズ北部・南部、ディーンの森へと分散していった。その最も遠く最も遅い事例が、ファーネス地方の製鉄所支所としてスコットランド、エティーヴ湖畔に建てられたボノウ製鉄所（1753年、pp.194–197）である。敷地はエティーヴ湖に向かって傾斜する段丘で、湖に面して港が築かれ、段丘上に鉄鉱石、木炭、石灰石の貯蔵庫、さらにその奥に労働者用住宅と支配人住宅が建てられた。木炭は現地調達であるが、鉄鉱石はもとより労働者もファーネス地方から船で運ばれてきた。段丘の際に傾斜を利用して溶鉱炉が築かれ、丘上から炉に鉄鉱石、木炭、石灰石を装入し、丘下では近くを流れるオー川から導水した水で水車を回し、ふいごから炉の羽口に風を送り込み、同時に炉床から銑鉄を流し出す。そこには、石灰モルタルを詰めた地元産灰色花崗岩造の壁が築かれ、木造キングポスト・トラスの小屋組に地元産スレートを葺いた屋根が架けられている。炉と煙突内部には耐火煉瓦が、炉周辺にはファーネス地方から運ばれてきた赤褐色砂岩が使われ、無彩色の壁に彩りを添えている。

●コークス高炉製鉄の発明

　1709年、アブラハム・ダービーⅠ世がシュロップシャー、コールブルックデール製鉄所で木炭に代わってコークスを燃料とする高炉製鉄に成功、さらに1750年頃、アブラハム・ダービーⅡ世（1711–63年）がそれを改良して、錬鉄に鍛造できる銑鉄を製造した［図58］。これはシュロップシャー炭田で産出される塊炭がほとんど硫黄分を含まず、コークス高炉製鉄に適していたからで、

*銑鉄（pig iron）／鋼鉄（steel）：鉄は炭素含有量により、2%以上の銑鉄、2%以下の鋼鉄（steel）に大別される。銑鉄は高炉で鉄鉱石を還元して取り出した鉄で、鋼鉄は銑鉄から平炉法、転炉法などにより脱炭して作られる。

*鋳鉄（cast iron）：銑鉄あるいはそこに屑鉄等を混ぜキューポラ（溶銑炉）で溶製した鉄で、炭素含有量は2.0〜4.5%程度と大きく、硬くてもろい。

*錬鉄（wrought iron）：銑鉄から木炭炉で、後には石炭反射炉での攪拌（パドル）法により精錬された鉄で、炭素含有量は0.02〜0.2%程度と極めて小さく、軟らかく粘りがある。

*スラグ（slag）：金属を製錬する際、溶融した金属から分離して浮かび上がってくる滓

［図58］「夜のコールブルックデール」、フィリップ・ジェームズ・ド・ラウザーバーグ画、1801年

18世紀中頃になると、コークス高炉製鉄所がシュロップシャー炭田地域に集中するようになる。

　ダービーII世はまた、増設した2基の高炉の送風用水車をニューコメン機関で揚水した水で回すとともに、従来の革製ふいごを、箱内でピストンが往復する箱型ふいごに改めた。ジョン・ウィルキンソン（1728–1808年）は、1774年に鋳鉄製大砲の中ぐり加工の特許を取得、それを用いてボウルトン・ワット社製蒸気機関のシリンダーを製造し、1776年にシュロップシャー、ウィリー製鉄所の溶鉱炉送風用の動力として同社蒸気機関を導入した。これにより、製鉄所の立地が山間の水流という軛（くびき）から解放されることになる。

　ジョン・ウィルキンソンは、同じくシュロップシャー、ブラッドリー精錬所で、水車に代わって蒸気機関で駆動する鍛造ハンマーを初めて使用した。コールブルックデール内の精錬所では、熟練工クランジ兄弟が石炭だけを用いた反射炉で銑鉄から錬鉄を作る実験を行ったが、効率が悪くて放棄された。しかしこれを基礎として、1784年、ヘンリー・コート（1741?–1800年）が攪拌（パドル）法を発明した。彼はまた前年に孔型ロールも発明しており、両者を合わせて精錬所の技術革新をなし遂げたのである。

● 「ブラック・カントリー」とウェールズ南部

　19世紀初頭にはシュロップシャーの塊炭や石灰石が枯渇し、シュロップシャーの製鉄業は停滞、代わりに「ブラック・カントリー」と称されるようになるスタフォードシャー南部とウェールズ南部が製鉄業の二大中心地となった。前者では、軟質炭を燃料とする溶鉱炉をもつ中小製鉄所と精錬所とが分離されていたのに対し、後者では瀝青炭（れきせい）を燃料とする複数の溶鉱炉と精錬所を併せ持つ銑錬一貫の大製鉄所が建てられた。その1つが、ウェールズ南部炭田の北東縁に位置するブレナヴォン製鉄所（1789年–、pp.198–201）で、ブレナヴォン製鉄・石炭社（1836年）となってから拡張された。

　南西の谷に向かって開けた窪地の中、北西斜面を背にして溶鉱炉、背面丘上に鉄鉱石用の仮焼窯、前面丘下に溶鉱炉鋳造部と鋳造所が建てられたが、2号基（1789年）、4・5号基（1810年）、凱旋門モチーフにペディメントを戴く2号基鋳造部と鋳造所だけが残されている。北東斜面を背にして、鉄鉱石、石炭、石灰石、あるいはピッグアイアンをトロッコに載せたまま丘上に運ぶウォーター・バランス（1839年）——水衡機＝水をカウンターバランスとするリフト——が増設された。この高さ80フィート、スカートのように裾を広げた地元産石造の中空「チューブ」が、谷とそれを越えた別敷地にある精錬所を見下ろしている。南東側に蒸気機関を収めるエンジンハウスが、さらにその南東側に監督者・労働者用長屋と売店（1788年）が広場をコの字形に囲むように配置された。後年、その広場中央に高さ144フィートの煙突（c.1860年）が建てられたが、煙突の基部のみ現存している。

　ウェールズ南部炭田の北縁をなぞるようにして、クローシェイ家が経営するカヴァスヴァ製鉄所（1765年）、ゲスト家が経営するダウラス製鉄所（1759年）、

1844年にアブラハム・ダービーIV世 (1804−78年) が買収するエブウ・ヴェール製鉄所 (1789年) が立ち並び、活況を呈した。その内、ダウラス製鉄所・12号溶鉱炉 (1851年、図59) は石貼りの化粧を施した代表例で、38フィート角の基部から円筒形の炉が立ち上がり、頂部のデンティル (歯飾り) が装入口プラットフォームを支えている。シュリューズベリーの建築家エドワード・ヘイコック (1790−1870年) が、グリーク・リヴァイヴァル様式*の時計塔をもつ工場入口、ドリス式ポーチコ*をもつジョサイア・ゲスト邸—ダウラス・ハウス (1818年) を設計した。

[図59] ダウラス製鉄所、12号溶鉱炉、ダウラス、マーサー・ティドヴィル、ウェールズ、1851年

*グリーク・リヴァイヴァル (Greek Revival)：18世紀後半から19世紀前半にかけて興った古代ギリシャ建築の復興を目指す運動で、新古典主義 (Neoclassicism) の1つに数えられる。
*ポーチコ (portico)：コラムで支持されたペディメントを持つ建物入口

●スコットランドとクリーヴランド地方

1828年にジェームズ・ボーモント・ニースソン (1792−1865年) が熱風炉の特許を取得、それを用いてボイラー用錬鉄板を巻いただけの高炉が、スコットランド、ダンディヴァン製鉄所 (1833年) に建設された。これは、コークスに加工できないスコットランド産石炭をそのまま使い、縞状鉄鉱床 (ブラック・バンド) から産する赤鉄鉱石 (ヘマタイト) などを製銑可能にした高炉で、またたくまにスコットランドからイングランド北部に広まり、そこが製鉄業の新たな中心地となった [図60]。

[図60] バロウ・ヘマタイト鉄鋼社、バロウ・イン・ファーネス、カンブリア、ジョージ・ヘンリー・アンドリューズ画、1871年

19世紀後半には鋼鉄の技術革新が興る。まずヘンリー・ベッセマー (1813−1898年) による転炉法 (1856年)、カール・ヴィルヘルム (1823−83年) とフリードリヒ (1826−1904年) のジーメンス兄弟とピエール・エミール・マルタン (1824−1915年) による平炉法 (1864年) に続き、シドニー・ジルクライスト・トマス (1850−85年) が燐を多量に含む銑鉄から製鋼する塩基性転炉法 (1878年) を発明した。

イングンド北部、ミドルズブラを中心とするクリーヴランド地方では、1850年に燐の含有率が多いクリーヴランド鉄鉱石が発見され、その製銑が行われてきたが、上記方法によってそこでも製鋼が可能となった。しかし、同地を代表するボルコウ・ヴォー株式会社 (1864年創設) が1910年代になって漸く塩基性平炉法を採用したことからうかがえるように、イギリスの製鉄業は鋼鉄の技術革新について行けず、アメリカやドイツに凌駕されていくのである。

3 ｜ 石炭業

●ミッドランド炭田とウェールズ南部炭田

ミッドランド炭田の南端、バーバー・ウォーカー社のブリンズリー炭坑 (1807年、pp.202-203) では、石炭をクロムフォード運河で輸送していたが、ミッドランド鉄道の創設に参加し、それに接続する鉱山鉄道を1850−60年に敷設した。1872年から2本目の縦坑を掘り、地下780フィートの炭層を掘り進めたが、1934年に閉山、現在は縦坑巻上機主軸台2基と鉱山鉄道跡を残すのみである。

ウェールズ南部炭田は、最大幅約16マイル、長さ約90マイルにまたがる大

炭田で、周縁部の炭層が浅く、かつ鉄鉱山が点在しており、そこに大製鉄所が建設された。ブレナヴォン周辺では、1789年の製鉄所操業以来、周辺での採炭が盛んになり、オールド・コール・ピッツ（1800年）を皮切りに次々と炭坑が掘られていき、その数、縦坑34、横坑162に及んだ。その内の1つ、ビッグ・ピット（1860年−、pp.204–211）は、18フィート×13フィートの長円形断面をもつ縦坑で、1878年には深さ283フィートの炭層にまで達した。ここには並置した2台のトロッコを1対の横置蒸気機関で上げ下げする巻上機が設置されていたが、1953年に電動巻上機に取り換えられた。石炭輸送はモンマスシャー＆ブレコン運河（1796年幹線開通）でなされたが、1880年にブリンモア＆ブレナヴォン鉄道（1866年）がグレート・ウェスタン鉄道に接続され、積出港ニューポートまで運べるようになった。最盛期には1400名の労働者が働いていたビッグ・ピット炭坑は1980年に閉山、現在は国立石炭博物館として観光客を集めている。

4 窯業

●陶器から炻器・磁器へ

　窯業は、「地」の土を成形したものに「火」を均質に巡らせ焼成して器を製造する産業で、多種の土と燃料となる石炭が身近にあるスタフォードシャー、特にストーク・オン・トレントを含む「シックス・タウンズ」* が窯業の中心地となった。

　ジョサイア・ウェッジウッドⅠ世は、ソフトペースト（カオリン*を含まない粘土）に透明釉薬を掛け低温焼成した陶器、クリームウェアを考案、クィーンズウェア（1765年）という名で販売した。また鉄分等を含むソフトペーストを無釉で高温焼成した炻器の改良に取り組み、ブラックバサルト（1768年）、ジャスパーウェア（1774年）を開発した。特に後者は、淡青色（ウェッジウッド・ブルー）等の色素を含ませたソフトペーストの器体に、当時はエトルリアと考えられていた古代ローマの装飾を模した白いレリーフを施した炻器で、ウェッジウッド社の名声を高らしめた。

　ハードペースト（カオリンを含む粘土）に透明釉薬を掛け高温焼成した磁器については、1768年にウィリアム・クークワージー（1705–80年）が考案、1775年に特許を取得した。他方、ジョサイア・スポードⅠ世（1733–97年）は、そのハードペーストに牛骨灰を混ぜ合わせて高温焼成した白くて硬いボーンチャイナ（1789–93年）の製造法を確立した。スポード社には、1782年頃から、トマス・ミントン（1765–1836年）らによってトマス・ターナーが開発した染付技法、すなわち透明釉薬を掛ける前の素地に合成コバルト顔料で文様を手描きまたは銅板転写する釉下彩技法が持ち込まれており、それを用いた陶器やボーンチャイナが「ウィロウ・パターン」と通称されるほどの人気を博した。後にトマス・ミントンはミントン社（1793年創設）を興し、そこでも「ウィロウ・パターン」を

製造することになった。

●ボトル・キルン（徳利窯）の林立

　均質な高温焼成は、ボトル・キルン（徳利窯）によって可能となった。それは、小孔付ドームを架けた円筒形の火室全体を、ボトルのような形をした煉瓦造・鉄輪締めの煙突で覆ったもの、言い換えれば、火室という「チューブ」を飲み込んで裾広がりになった大「チューブ」である。そこでは、火室にうず高く積み上げられた匣鉢*内の器体が、火室下部から立ち上ぼる石炭の火炎で焼かれ、その煙が火室ドームの小孔、煙突を経て排出される。ウェッジウッドは、温度上昇とともに色が変わるガラス玉で高温計を作り、この上向通気式窯内の温度を測定、調整できるように改良した。

　ウェッジウッドは、ブリンドリーによるトレント・マージー運河（1766−77年）の建設に出資、それに面した地所を購入し、ジョゼフ・ピックフォード（1734−82年）設計でエトルリア工場（1767−73年、図61）を建てた。それは、運河に面して煉瓦造3階建の事務所・倉庫棟を、その背後の中庭にボトル・キルンや作業場を配したもので、正面中央ペディメント上には鐘楼が聳え立つ。こうして、ウェッジウッドは原材料と製品の安全な輸送を図るとともに、ブラックバサルトやジャスパーウェアという品種別に作業工程を細分化して、その「流れ」を管理し、それに基づき原価計算を行った。そしてこの建築と管理法がストーク・オン・トレントを含む「シックス・タウンズ」の窯業工場のモデルとなったのである。

　1952年の大気浄化法以来、ストーク・オン・トレントのスカイラインを形作り、その空を黒く染めてきたボトル・キルンの使用は激減、1965年には一切使用されなくなった。その大半は取り壊されたものの、グラッドストーン窯業博物館（pp.212−215）に残された遺構では、入れ子になった大小「チューブ」の偉観を見ることができる。同博物館は、1787年にシェリー家が創設した窯業工場で、自社陶器のほか、ウェッジウッド・エトルリア工場の下請けもしていたが、ほどなく倒産、何人かの手を経た後、1863年に当地を訪れた自由党指導者、ウィリアム・グラッドストーンを記念して改名された。その後も工場の所有者は転々としたが、最後にスタフォードシャー窯業保存トラストが入手し、1974年に博物館として開館した。

*匣鉢（sagger）：陶磁器を焼成する際、器体を火や灰から保護するとともに、窯内にできるだけ多く収容するために積み上げられる耐火性容器で、さやともいう。

［図61］ウェッジウッド社・エトルリア工場、ストーク・オン・トレント、スタッフォードシャー、ジョゼフ・ピックフォード設計、1767−73年

羊毛業の「工業村」

[図62] ブラッドフォード、南東からの眺め、1841年

＊ジャカード織機（Jacquard loom）：1801年、フランス人ジョゼフ・マリー・ジャカール（1752−1834年）が発明したパンチカードを利用した自動織機

羊毛業は、長繊維羊毛から方向の揃った長い繊維をぴったりと重ねた梳毛糸（ウーステッド）を紡ぐ梳毛紡績、短繊維羊毛から方向の異なる短い繊維を隙間をもって重ねた紡毛糸（ウーレン）を紡ぐ紡毛紡績、それらを織る毛織物から成る。手工業による梳毛糸・織物の生産地は、ノーフォーク州、ウーステッドで、その地名が糸・織物名に使われるようになった。手工業による紡毛糸・織物が盛んであったウェスト・ヨークシャー州、ハリファックスでは、1780年代以降、その豊富な水力を利用して綿紡績に倣った羊毛紡績の機械化が開始され、動力が水力から蒸気機関に転換されるにつれ、北東隣のブラッドフォード［図62］へと中心が移っていった。

　そこでいくつかの技術革新がなされた。ハリファックスの梳毛織物業者ジェームズ・アクロイド・ジュニアが、1828年頃、フランスのジャカード織機＊を梳毛織物に導入、その息子エドワード・アクロイド（1810−87年）がジェームズ・アクロイド&サンズ社を引き継いだ。ブラッドフォードの梳毛織物業者ダニエル・ソールト&サン社のタイタス・ソールト（1803−76年）は、ロシアのドンスコイに続き、1834年以降、ペルーのアルパカ、トルコのモヘアといった輸入長繊維羊毛を原料とした梳毛織物を製造、特にアルパカで名を馳せた。ジョン・クロスリーは、1802年にハリファックス北郊ディーン・クロウにカーペット工場を建設、その3人の息子ジョン（1812−79年）、ジョゼフ（1813−68年）、フランシス（1817−72年）がジョン・クロスリー&サンズ社を引き継ぎ、1851年には、同社職工ジョン・コリアーが発明した自動カーペット織機の特許を取得、安価なカーペットを大量生産し、世界のカーペット製造業を主導した。さらにブラッドフォード北郊マニンガムに工場を構える梳毛織物業者サミュエル・カンリフ・リスター（1815−1906年）が、1851年、長繊維羊毛を挟みこんで梳く機械、「ニップ・コーム」を発明、梳毛紡績のやっかいな下準備の機械化に成功した。エドワード・アクロイドとタイタス・ソールトは、その一部をなす特許をリスターに無償提供する見返りに、「ニップ・コーム」を格安で入手し、自社工場に導入した。

　この羊毛業の中心地に最初に建設された工業村が、ハリファックス南郊のコプレー（1844−53年）である。エドワード・アクロイドは、1844年、カルダー川と鉄道線路堤に挟まれた20エーカーの地所を購入、工場を建設した後、4店舗を含む3棟の長屋を建設した。長屋は「バック・ツウ・バック・ハウス」、すなわち正面と背面の住戸を背中合わせとした棟割長屋で、1棟片面18戸、両面で36戸を擁する。住戸は1階にリビング・ルーム1室、2階に寝室1室もしくは2室を配したもので、当然ながら通風・採光には難があったが、アクロイドはこれを意に介する

ことなく、逆にここで「近隣に多い古い住宅の性質に近い」ゴシック様式を採用したことを自賛した。

エドワード・アクロイドは、1838年、ハリファックス北東のヘイリー・ヒル工場を見下ろす丘上に建つ邸宅バンクフィールドを購入、1867年にイタリア様式の翼部を増築した。1855年には丘下の地所約6万2000エーカーを購入、ゴシック・リヴァイヴァルの大家ジョージ・ギルバート・スコットに工業村、アクロイドン（1861−63年、図63）の設計を依頼した。スコットの原案は、ドーマー窓*、ゲーブル屋根をもつ石造・ゴシック様式による長屋350戸を矩形中庭の四辺に配したものであったが、ドーマー窓が救貧院を想起させることから、地元の建築家W.H.クロスランド（1835−1908年）はドーマー窓をなくすなどの設計変更を行い、90戸を建設した。住戸は「バック・ツウ・バック・ハウス」ではなく、1階にリビング・ルーム1室をもつタイプからパーラー*と台所の2室をもつタイプまでさまざま用意され、また住戸は庭付きではなく、中庭とは別に公共菜園が設けられた。アクロイドは、労働者住宅の持家化を推進するために、ハリファックス建築組合（1853年創設）に関わり、アクロイドン建築協会（1860年創設）をその傘下に置いて、アクロイドン住民の住宅購入ローンを提供するようにした。

アクロイドが筋金入りの国教会徒、保守党員であったのに対し、クロスリー三兄弟は会衆派・安息日厳守主義者、自由党員であった。彼らはその宗教的・政治的信条に基づき、工業村開発を含め博愛主義的慈善事業でアクロイドと競い合った。1860年代末までに、ヘッブル川沿いディーン・クロウには、石造・パラディアニズムによる間口42フィート、全長164フィート、6階建のA棟（1840年、図64）を皮切りに計8棟の工場を建て、4400人の労働者を擁していた。そこから上がる富でもって、大尖塔が聳え立つスクエア会衆派教会（1855−57年）や、マンサード屋根を戴くクロスリー孤児院（1857−64年）を建設した。

ウェスト・ヒル・パーク・エステート（1863−68年、図65）は長兄ジョンによる工業村開発事業で、ここでもハリファックス建築組合から住宅購入ローンが提供された。住戸は4タイプ、すべて正面側に庭、背面側にサービス用路地をもち、最小住戸22戸、最大住戸12戸を連ねた石造・ゴシック様式のゲーブルをもつ長屋を丘の傾斜に合わせて南北方向に平行配置し、東西方向の道路沿いにより規模の大きい住戸を配して、サービス用路地が道路から見えないような街区を作り上げた。

末弟フランシスは、1845年、ウェスト・ヒル南方に建つ邸宅ベルヴューを購入、1855年に同地所東辺にマーガレット通り救貧院21戸を建設、1856−57年にさらに南方の地所12.5エーカーを購入して、北米旅行の際感銘を受けたホワイト・マウンテ

［図63］アクロイドン、住棟、ハリファックス、ウェスト・ヨークシャー、ジョージ・ギルバート・スコット、W.H.クロスランド設計、1861−63年

*ドーマー窓（dormer window）：屋根裏部屋に採光するために屋根に設けられた窓で、小切妻屋根と垂直の開口部をもつ。
*パーラー（parlour）：住宅の応接間の一つ

［図64］ジョン・クロスリー＆サンズ社・ディーン・クロウ工場A棟、ハリファックス、ウェスト・ヨークシャー、1840年

［図65］ウェスト・ヒル・パーク・エステート、ハリファックス、ウェスト・ヨークシャー、ボール＆エイクリフ設計、1863−68年

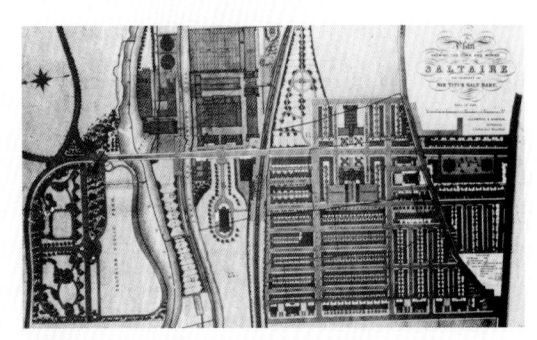

[図66] ソルテア、平面図、ブラッドフォード、ウェスト・ヨークシャー、ロックウッド&モーソン設計、1850年−

[図67] ソルテア、公園からの眺め

ンズ公園に倣った人民公園をジョゼフ・パクストンと弟子のエドワード・ミルナー（1819−84年）の設計で建設した。人民公園の呼び物は、幅30フィート、全長720フィートの南北方向に通された大プロムナードで、そこから東方に連なる丘陵を遠望することができた。人民公園建設と時を同じくして、パクストンの女婿G.H.ストークス（1827−74年）がベルヴューをルイ14世様式の城館に改修、パクストン自身もベルヴューに鉄骨造・ガラス貼りの温室を建設した。

　アクロイドンにせよ、ウェスト・ヒル・パーク・エステートにせよ、工場の近場ではあれ、それとは別個に設計、建設された労働者用住宅であったのに対し、タイタス・ソールトによるソルテア（1850年−）は、工場、厚生福利施設、労働者用住宅を一堂に集めた自足的な大工業村であった。

　1850年、ソールトはブラッドフォード市内にある5つの工場を、3マイル離れた北郊、シプリーに移転、統合することを計画し、地元建築事務所、ロックウッド&モーソンに設計を委託した（図66−67）。工場（1851−53年）は、東西に平行して走るエア川、リーズ&リヴァプール運河（1816年竣工）、リーズ&ブラッドフォード鉄道（1846年開通、1853年ミッドランド鉄道に合併）の後二者間に立地、ソルテア・ロード（1827年開通）、ビングリー・ロード（1825年開通）に直交する南北幹線道路、ヴィクトリア・ロードからアクセスされる。北側運河に面し南北方向に伸びる倉庫棟（地上4階建）と南側鉄道に面し東西方向に伸びる紡毛・蒸気機関棟（地上4階建）とがT字をなし、倉庫棟西側に梳毛棟（平屋）、さらに西側ヴィクトリア・ロードに面して事務所棟（地上2階建）を、倉庫棟東側に機織棟（平屋）を収め、運河からの搬入された原材料が梳毛、紡毛、機織され、製品が運河へと搬出されるという生産ラインが作られた。建築は砂岩造・イタリア様式、南立面中央には2基の明り塔が立ち、さらに南側には鐘楼を思わせる高さ250フィートの煙突が聳え立つ。内部構造は、技師ウィリアム・フェアバーン設計、鋳鉄製柱−梁で中空煉瓦造ヴォールトの床を支える防火構造である。川と運河間には、工場・住宅照明用のガス製造棟とガスホルダー（1854年）が建てられたが、後に紡毛棟、染色棟、洗浄棟から成る新工場（1868年）が増築された。

　村内の南北幹線道路、ヴィクトリア・ロードに沿って、エア川を越えた突き当たりには各種運動施設とプロムナードを擁する公園（1871年）、工場の対面には食堂（1854年）とコリント式円柱のポーチコ上にドームを戴く古典様式の会衆派教会（1859年）、その南側には学校（1868年）と音楽堂・講堂・図書室・体育館・各種娯楽室を収めた会館（1872年）が向かい合い、さらに南側、ソルテア・ロードとビングリー・ロードとにはさまれ

た所には、ゴシック様式の礼拝所と平屋45戸をコの字に配した救貧院（1868年）と病院（1868年）が向かい合って建てられた。

　このヴィクトリア・ロード西側49エーカーに、計824戸（1871年時点）の労働者住宅が建てられた。村内の東西方向幹線道路、タイタス・ストリートの北側では南北方向に、南側では東西方向に、砂岩造・イタリア様式の2階建長屋が規則的に配置され、さらにその中央部と両端部には方形屋根を戴く3階建パヴィリオンが建てられて、立面が分節された。各住戸の間口は14フィート、1階正面側にリビング・ルーム、背面側に台所、上階に2〜4室の寝室を持つ。1階台所に面して裏庭がとられ、外便所と石炭灰置場の雑廃物はサービス用路地を通して搬出された。

　タイタス・ソールトは、穀物法撤廃（1846年）、男子普通選挙を求めるチャーチスト運動（1838−48年）、労働争議などで揺れるブラッドフォード市内から労働者を隔離し、その労働−居住環境を改良することで、自社工場の生産性を向上させようとした。それはまた会衆派の宗教的信条から発し、ベンジャミン・ディスレーリ（1804−81年）が『カニングスビー』（1844年）や『シビルあるいは二つの国家』（1845年）で描いたユートピアに触発されたものであった。後者における啓蒙的企業家トラフォード氏の工場と村落の記述は、様式こそ異なれ、ソルテアを想起させる。

　「彼はその生まれ故郷のモウ川沿いの地に、いまやこの地方の驚異の的となっている工場を建てた。それは一つの国家と言うべきもので、約2エーカーの広きにわたって広がる一つの空間に2千人を越える労働者が働いている。(中略) 彼は家庭の徳は住戸の存在に基づくことをよく承知しており、彼がまず最初に心に砕いたことの一つは、すべての家族が気持ちよく住める一つの村落の建設であった。(中略) 工場の広がり、村落の屋根や庭、トラフォード氏の屋敷のテューダー様式の煙突、ゴシック教会堂の尖塔といったものが、きらめく川面や森林を背景にむしろ唐突と言っていい形でエグアモントの視界に入って来た。」*

　しかし、その博愛主義は否応なしに父権主義的な色合いを帯びていた。タイタス・ソールト自身、ブラッドフォード南郊のクロウ・ネストに居を構えていたが、会社を引き継いだ末子タイタス・ジュニアがジョゼフ・クロスリーの長女キャサリンと結婚、ソルテア北方の丘上に居館ミルナー・フィールド（1872年、現存せず）を営むに及んで、エドワード・アクロイド、フランシス・クロスリーと同様、領主・領主館−小作人・農村という封建的身分制に基づく空間構成、ディズレーリの言う「新しい形で再生した貴族のありよう」を示すことになった。皮肉なことにも、それが高級ウーステッドの寡占を誇ったダニエル・ソールト&サン社とソールト家の没落を予見していたのである。

*Benjamin Disraeli, *Sybil or The Two Nations*, London, 1845.

マッソン紡績工場、マットロック・バス、ダービーシャー、1783年―――Masson Mills, Matlock Bath, Derbyshire

水力紡績機を発明したリチャード・アークライトがダーウェント川沿いに建てた紡績工場。
赤煉瓦造・イタリア様式による5階建の建物で、両面採光された明るく開放的な平面が採られた。

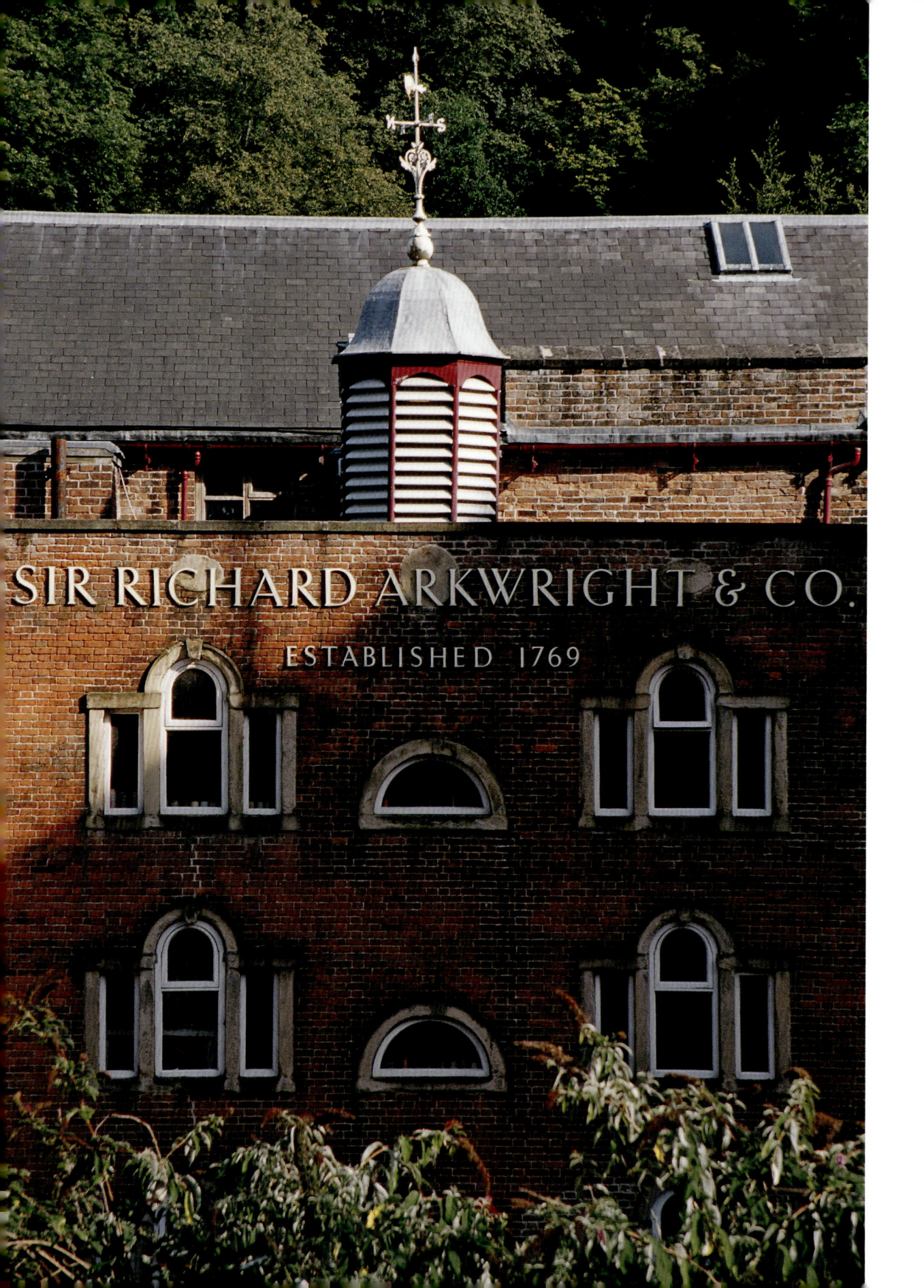

マッソン紡績工場、正面中央部(p.186)**と内観**(p.187)
中央突出部ではヴェネチアン・ウィンドウと半円アーチ窓が開けられるだけでなく、頂部に明り塔が載せられ、
隅部が石造隅石で飾られている。現在は博物館として開放されており、古い力織機などが展示されている。

ニュー・ラナーク、ラナークシャー、スコットランド、1784年－―――New Lanark, Lanarkshire, Scotland

リチャード・アークライトとデヴィット・デールが建設し、後にデールの娘婿ロバート・オーエンが「統治」した工業村。
クライド川と水車を駆動させるために引いた導水路との間に、地元産砂岩造の工場4棟の他、鋳物工房、機械工房、ガス製造所と煙突が立ち並ぶ。

ニュー・ラナーク、ローズデール通り沿いの長屋（ロウ）
これら1790年代に建てられた長屋には、最盛期には2500人の住民が暮らしていた。

ニュー・ラナーク、ニュー・ビルディング(p.192)とデール家別荘・支配人住宅(p.193)
ニュー・ビルディングは住戸と集会室を収める4階建の建物で、正面中央にペディメントと鐘楼が付けられている。
その北西側にある2軒の戸建住宅がデール家別荘と支配人住宅で、後者は1800年から数年間オーエン邸として使用された。

ボノウ製鉄所、アーガイル・アンド・ビュート、スコットランド、1753年———Bonawe Iron Furnace, Argyll and Bute, Scotland

近代以前の製鉄法は、溶鉱炉に鉄鉱石、木炭、石灰石を入れ、水力駆動のふいごから送風して高温で溶融するものであったため、製鉄所は木炭と水力が豊富な所に建てられた。ボノウ製鉄所はその最も遠く最も遅い事例であり、段丘を利用して花崗岩造・スレート葺き切妻屋根の溶鉱炉が築かれた。

ボノウ製鉄所、導水路・水車跡（p.196）と出銑口（p.197）
溶鉱炉横に通した導水路の水で水車を回し、その動力でふいごから炉の羽口に風を送り込んでいた。
炉床から銑鉄を流し出す出銑口の楣に、ここで製造された鋳鉄が使われている。

ブレナヴォン製鉄所、ブレナヴォン、トルヴァエン、ウェールズ、1789年 – ―――Blaenavon Ironworks, Blaenavon, Torfaen, Wales

ウェールズ南部炭田の北東縁に、瀝青炭を燃料とする溶鉱炉と精錬所を併せ持つ銑錬一貫の大製鉄所が建てられた。施設群を支配するのは、
水をカウンター・バランスとするリフト、ウォーター・バランスで、鉄鉱石、石炭、石灰石、あるいは銑鉄をトロッコに載せたまま丘上に運び上げた。

ブレナヴォン製鉄所、2号溶鉱炉鋳造部・鋳造所（p.200）と4号溶鉱炉（p.201）
窪地の斜面を利用していくつかの溶鉱炉が建設されたが、2号溶鉱炉と4・5号溶鉱炉だけが現存する。2号溶鉱炉前面には凱旋門モチーフの上に
ペディメントを戴く鋳造部・鋳造所が残されており、4号基では耐火煉瓦造の溶鉱炉と出銑口を見ることができる。

ブリンズリー炭坑・巻上機主軸台、1807年———Brinsley Headstocks, Nottinghamshire
ミッドランド炭田の南端、ブリンズリー炭坑跡には縦坑巻上機主軸台2基と鉱山鉄道跡が残されている。

203

ビッグ・ピット（現ビッグ・ピット国立石炭博物館）、ブレナヴォン、トルヴァエン、ウェールズ、1860年－————
Big Pit (Big Pit National Coal Museum), Blaenavon, Torfaen, Wales

前掲したブレナヴォン製鉄所の操業以降、周辺での採炭が盛んになった。その内の１つ、ブレナヴォン製鉄所を見下ろす丘上にあるビッグ・ピットは、深さ283フィートの炭層まで達する縦坑を誇っていたが、1980年に閉山、現在は国立石炭博物館となっている。

ビッグ・ピット（現ビッグ・ピット国立石炭博物館）、全景
蒸気機関車が石炭運搬用に開発され、長らく使用されていたことがうかがえる。

ビッグ・ピット（現ビッグ・ピット国立石炭博物館）、展示物
博物館内では手押し担架、道具類を自家製作する鍛冶工場、トロッコを回転させ石炭の荷下ろしをする投炭機などを見ることができる。

ビッグ・ピット（現ビッグ・ピット国立石炭博物館）、巻上機
ここには並置したトロッコを1対の横置蒸気機関で上げ下げする巻上機が設置されていた。その力動的なシルエットが往時の炭坑の喧騒を偲ばせる。

グラッドストーン窯業博物館、ロングトン、ストーク・オン・トレント、スタッフォードシャー、1787年－────
Gladstone Pottery Museum, Longton, Stoke-on-Trent, Staffordshire(p.212)
ストーク・オン・トレントは窯業の中心地で、かつては林立するボトル・キルン(徳利窯)から立ち上る黒煙が空を覆っていた。
窯業の衰退とともにボトル・キルンも次々と取り壊され、今ではグラッドストーン窯業博物館などでしか見ることができない。

グラッドストーン窯業博物館、ボトル・キルン内観(p.213)
ボトル・キルンは、円筒形に小孔付きドームを架けた火室全体を、ボトル形をした煉瓦造・鉄輪締めの煙突で覆ったもので、
陶磁器の均質な高温焼成を可能にした。

グラッドストーン窯業博物館、ボトル・キルン外観
火室を飲み込んだ大煙突が、天に向かって林立する。

VI

消費施設

1 ｜ 温室

●庭園様式の変遷と温室の導入

＊ステュアート朝(Stuart dynasty)：イングランドで、スコットランド王ジェームズVI世がイングランド王ジェームズI世として即位した1603年から、アン女王が死去した1714年まで続いた王朝をいう。
＊ホイッグ党(Whig party)：イングランドにおいて名誉革命(1688年)、ハノーヴァー朝擁立(1714年)を主導し、議院内閣制を確立した政党。トーリー党(Tory party)の保守主義に対し、ホイッグ党は自由主義を採り、1859年に自由党となった。

　19世紀イギリスにおける温室の流行を見るには、イギリス庭園史を少しばかり振り返らなければならない。アン女王(在位1702–14年)の死去に伴いステュアート朝＊は断絶、ホイッグ党＊大貴族がハノーファー選帝侯ゲオルク・ルートヴィヒを国王に擁立、ジョージI世とした。このハノーヴァー朝で国王は君臨すれども統治せずという議院内閣制が確立されていくのだが、ホイッグ党貴族の第二世代は、スチュアート朝絶対王政下のバロック建築と庭園を嫌い、それに取って代わる建築と庭園を志向した。それがパラディアニズムと風景式庭園である。パラディアニズムとは、イタリア後期ルネサンスの建築家アンドレア・パラディオ(1508–80年)の建築と著書『建築四書』(1570年)を模範とするもので、第3代バーリントン伯リチャード・ボイル(1694–1753年)は、パラディオのヴィラ・カプラ(ロトンダ)を模したチズウィック・ハウス(1729年)を建てた。風景式庭園は、自然の要素を整形化し、幾何学的に構成するのではなく、それが本来もっている不整形や不規則な構成を愛でようとするもので、チズウィック・ハウスの庭園には「ウィルダネス」と称される曲がりくねった苑路が導入された。

　その後、造園家「ケイパビリティ」・ブラウン(1716–83年)がイギリスの整形庭園のほとんどを風景式庭園に「改良」した。それは、広大な苑地を樹林帯と周遊路で囲み、なだらかに起伏する芝生の中に自然に生い茂った木立を点在させ、蛇行した小川や池を配した構成として完成されたが、18世紀末になってその不規則な構成そのものが規則化されているとの批判がなされた。ブラウンの風景式庭園に「不規則性」「荒々しさ」「突然の変化」を導入するには、ニコラ・プッサン(1590–1665年)、サルヴァトール・ローザ(1615–73年)といった風景画家が描いたように、自然の要素の中に人工の要素を加え、両者の融合を図らなければならない。「風景画家の目に従って」、すなわち「ピクチュアレスク」に構成し直さなければならない。このようなウヴェデール・プライス(1747–1829年)やリチャード・ペイン・ナイト(1750–1824年)が提唱した「ピクチュアレスク」庭園の理念を、造園家ハンフリー・レプトン(1752–1818年)が実践に移し、さらにレプトンと共同した建築家ジョン・ナッシュが、ブレイズ・ハムレット(1811年)やリージェンツ・パーク(1811年–、図21)の計画に応用した。レプトンは当初「ケイパビリティ」・ブラウンの風景式庭園を擁護していたが、次第に亭、温室、テラス等といった人工の要素を導入していき、アシュリッジ(c.1814年)では、風景式庭園という大きい「地」に「修道僧の復

元された庭」等15の異なる種類の小庭園を「図」として点在させた。これはさまざまな庭園様式を1ヶ所に集めた博物館、現代用語でいうテーマ・パークの嚆矢であると言えよう。

　この考え方を一層推し進めたのが、ジョン・クローディアス・ラウドン（1783–1843年）の「ガーデネスク」庭園であった。彼は、『庭園百科事典』（1822年）、『コテジ・ファームハウス・ヴィラの建築・家具百科事典』（1833年）を著し、あらゆる庭園様式を博物学的に分類、カタログ化して、中流階級用の庭園に供されるようにした。その一方で温室に着目して、小さな切妻を並列した折板構造*のガラス屋根を提案するとともに、自邸庭園内に尖頭ドームを戴く鉄骨造・ガラス貼りの温室を建て、『曲線状温室のスケッチ』（1818年、図68）で紹介した。

　時は帝国主義拡張の時代、ヨーロッパ列強は世界各地に植民地を経営し、探検家やプラント・ハンターがそこに自生する珍種・奇種の植物を本国に持ち帰った。前述したように、植民地のプランテーションで栽培された綿花を輸入し、それを工場の自動機械で綿糸・綿織物に加工して植民地に輸出することで、産業革命の口火が切られる一方、カカオからはチョコレートが、ヤシからは石鹸が工場生産されるようになった。植物収集が植民地の版図を示し、かつ自国の産業を興しただけではない。囲い込み*により広大な農地を集約した大地主＝貴族や新興の商業・産業資本家が、競って珍種・奇種の植物を収集・展示して、富を見せびらかした。そして色鮮やかな植物を絨毯植えする大テラスや背の高い熱帯植物を育てる大温室が、ブラウンが完成し、レプトンが「改良」した風景式庭園内に作られた。

　一例を引こう。テムズ川北岸、キュー庭園と向かい合う地所に建つサイオン・ハウスでは、1760年代以降、ロバート・アダム（1728–92年）がエトルリアないしは古代ローマの装飾を自在に駆使した独自の様式——アダム様式と呼ばれ、ジョサイア・ウェッジウッドのジャスパーウェアにも影響を与えた——でカントリーハウスの内装を一新、「ケイパビリティ」・ブラウンが風景式庭園を作り上げていたが、その一角に建築家チャールズ・ファウラー（1792–1867年）が大温室（1827年、pp.228–229）を付け加えた。主屋にドームを架け、そこから四分の一円の渡り廊下を伸ばした先にパヴィリオンを配する構成は、パラディオあるいはパラディアニズム独特のものであるが、ここでは主屋が熱帯、渡り廊下とパヴィリオンは寒帯と温帯の植物用として使われた。主屋の砂岩造神殿正面には半円アーチと列柱を組み合わせたパラディアン・モチーフがあしらわれているが、その壁はドームを支持していない。代わりに円形平面に沿って並ぶ鋳鉄柱上部を半円アーチで繋ぎ、そこからドラムを立ち上げ、その上に鉄製リブ・ガラス貼りのドーム（高さ50フィート）を載せている。この舞台の書割のような大温室が、第三代ノーザンバーランド公が催すエキゾチックな園遊会の舞台となったのである。

●パクストンによるチャッツワースの温室群
　それまでの庭園に温室がなかった訳ではない。ヴェルサイユ庭園には柑橘

*折板構造（folded plate structure）：平板を屏風状に折り曲げて作った構造体で、剛性が大きく、曲がりにくい。

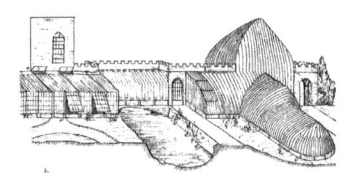

[図68] ジョン・クローディアス・ラウドン邸・温室、ベイズウォーター、ロンドン（ジョン・クローディアス・ラウドン『曲線状温室のスケッチ』、1818年）

*囲い込み（Enclosure）：開放耕地、入会地、小区画耕地が入り組んだ混在地を整理、統合し、所有者が排他的に利用すること。18世紀イギリスでは議会主導で行われ、ノーフォーク農法などの高度集約農業への転換など、農業革命（Agricultural Revolution）が興った。

[図69] キュー王立植物園・オランジェリー、ウィリアム・チェンバース設計、リッチモンド、ロンドン、1761年

[図70] バーケンヘッド・パーク、ウィラル、マージーサイド、ジョゼフ・パクストン設計、1847年

[図71] チャッツワース・大温室、ダービーシャー、ジョゼフ・パクストン設計、1840年

[図72] チャッツワース、ヴィクトリア・レギア・ハウス、ダービーシャー、ジョゼフ・パクストン設計、1849年

＊カーテンウォール(curtain wall)：構造体から切り離され、建物の荷重を直接負担しない非耐力壁

類の果樹園「オランジュリー」が作られていたし、イギリスでも柑橘類を育成するための組石造温室「オランジェリー」[図69] が建てられていた。しかしこの時期にボイラーで沸かした水蒸気や温水で暖房したため「ホットハウス」「ストーヴ」と呼ばれるようになり、またヤシの木に代表される熱帯植物を収蔵するための鉄骨造・ガラス貼りの温室が「パームハウス」と呼ばれるようになった。「パームハウス」は、鉄とガラスという新しい素材、ボイラーという新しい技術で作られ、博物学の新しい知見が詰まった最先端のビルディング・タイプとなったのである。

　建築家が伝統的な素材や様式に拘泥している間に、鉄骨から成る籠をガラスで覆ったガラス「チューブ」としての温室を考案、建設していったのが、造園家ジョゼフ・パクストン (1803−65年) であった。パクストンは、1826年に第6代デヴォンシャー公ウィリアム・キャヴェンディッシュに見出されて以来、ダーウェント川沿いのカントリーハウス、チャッツワースの造園を担当した他、ジョン・ナッシュと同様、エデンソー (1842年) というエステート・ヴィレッジやバーケンヘッド・パーク (1847年、図70) という都市公園を抱き合わせた住宅地を、「ピクチュアレスク」に造形した。特に後者は、フレデリック・ロウ・オルムステッド (1822−1903年) によるニューヨーク、セントラル・パーク (1857年) の手本となったものである。

　チャッツワースにおいて、まずパクストンは既存オランジェリーを改築 (1832年) し、ラウドン考案の折板構造に排水機能を担わせるよう工夫した。すなわち、折板の「谷」に垂木に相当する木製「パクストン樋」を這わせ、一端を煉瓦壁で、他端を直径3インチ中空鋳鉄柱で受けるとともに、それを縦樋として雨水を排水したのである。次にパクストンは、ロバート・ルーカス (1782−1865年)、ウィリアム (1788−1856年) のチャンス兄弟が経営するガラス製造会社、チャンス兄弟社に、手吹き円筒法で製造できる最大サイズ、4フィート×10インチの板ガラスを作らせた。その板ガラスを木集成材の (樋兼用) リブ間に山形に差し掛け、木製桟で留めて折板を作り、その折板端部を (箱樋兼用) 中空鋳鉄桁と (縦樋兼用) 中空鋳鉄柱で支えるという排水兼用構造体でもって、全長279フィート、幅124フィート、高さ68フィートの大温室 (1840年、取り壊し、図71) を作り上げた。矩形平面の四周に半ヴォールト屋根を巡らせ、中央に寄棟ヴォールト屋根を架けた二段折上げ屋根は、ある時には折り重なった巨大なヤシの葉のように、またある時には山塊状に盛り上がった結晶体のように見えたであろう。ボイラー棟は7マイル離れた所に配置され、そこから直径4インチの鋳鉄管で水蒸気が床下まで送られた。また1843年のヴィクトリア女王訪問時には、12,000本のランプで照明されたという。

　ヴィクトリア・レギアと呼ばれるオオオニバスを育てる温室ヴィクトリア・レギア・ハウス (1849年、取り壊し、図72) は、62フィート×54フィートの矩形平面中央に直径40フィートの池を掘り込んだもので、中空鋳鉄柱のスパン34フィートに成5インチの錬鉄梁を渡し、その上に木製「パクストン樋」と折板屋根を架けている。外壁は5×10インチの板ガラスが嵌められたカーテンウォール＊で、

鋳鉄製の方立*とアーチがパラペットを支えている。1850年には同構造の改良版で特許を取得、それが第1回万国博覧会場、クリスタル・パレス（1851年）の下敷きとなった。

　チャッツワースに残されている温室は、「温室の壁」（1848年、pp.230-233）のみである。これは厩舎へのアプローチを隠す石造壁に沿って10本のガラス「チューブ」を階段状に連ねた温室で、幅7フィート、全長は331フィートに達する。最初のオランジェリー改築と同様、傾斜する折板屋根が架けられ、鋳鉄角柱と木製方立で縦に細かく分節されたガラス面からの陽光が、壁沿いに植えられたツバキを照らしている。

●様々な大温室

　チャッツワースの大温室の設計には、ジョン・ナッシュの愛弟子デシマス・バートン（1817–1911年）が関わったとされるが、どう関与したかは不明である。キュー王立植物園・パームハウス（1848年、pp.234-237）も、従来はデシマス・バートンが設計し、ダブリンで鉄工所を営むリチャード・ターナー（1798–1881年）が施工したとされてきたが、両者の共同設計とするのが正しい。1759年、ジョージⅢ世（在位1760–1820年）の母オーガスタ王妃（1719–72年）がキュー植物園を造営、建築家ウィリアム・チェンバーズ（1723–96年）が英国—中国風の造園を行い、オランジェリー（1761年、図69）、パゴダ（1761年）等、庭園内のフォリー *を設計した。後にジョージⅢ世が隣接するリッチモンド庭園と合わせてキュー植物園を拡張、顧問となったジョゼフ・バンクス（1743–1820年）はここからプラント・ハンターを送り出して、植物を精力的に収集した。1840年に王立植物園となり、園長ジョゼフ・ダルトン・フッカー（1817–1911年）下で公開され、またパームハウス建設が計画された。1844年、フッカーはバートンが提出したパームハウス設計案が気に入らず、ターナーに代案を作らせたが、結局、両案を折衷したものが建設された。

　翼部骨組は、I形断面をもつ錬鉄製半円アーチ・リブ（スパン42フィート）を12フィート間隔で建て、それらを、1.5インチのケーブル（引張力を受け持つ）を内蔵した錬鉄管（圧縮力を受け持つ）の貫で繋ぎ、端部では、明り塔を支える桁で小さな環を作り、そこに四分の一円アーチ・リブを架けている。中央部骨組は2階建、翼部アーチ・リブと同じ高さの中空鋳鉄柱が上階の半円アーチ・リブを支え、下階では四分の一円アーチ・リブを受けている。また柱頭から伸ばされた持ち送り*が、四分の一円アーチ・リブと2階ギャラリーの床を支えており、そこには繊細な透かし細工を施した螺旋階段から上っていくことができる。この骨組の上、T形断面をもつ鉄製窓桟に39×9.5インチの曲面ガラスがパテで留められている。パクストンの木製リブと折板ではなし得なかった、軽やかな鉄の骨組となめらかに連なるガラスの被膜から成る透明な「チューブ」が、人を囲うのでも覆うのでもなく、包み込むのである。

　この「チューブ」には人を囲う壁、人を覆う屋根の区別はなく、またすべてが窓であると言ってよい。建築は床、壁、屋根から成り、窓は壁や屋根に穿

*方立（mullion）：開口部材を支える垂直の間柱または桟。マリオンともいう。

*フォリー（folly）：庭園内に主として装飾のために建てられた建物

*持ち送り（corbel）：壁や柱から突き出して上部の梁、庇、出窓などを支える部材

［図73］アイルランド国立植物園・温室、グラスネヴィン、ダブリン、リチャード・ターナー、ウィリアム・クランシー設計、1848年

たれた穴であるという固定観念から見ると、これは建築ではない。技師リチャード・ターナーは、ロンドン、リージェンツ・パーク内王立植物学会ウィンター・ガーデン（1846年、増築1876年）、アイルランド国立植物園・温室（1848年、増築1869年、図73）等で、その建築の閾をやすやすと乗り越えたのに対し、建築家デシマス・バートンは、それを乗り越えられなかった。キュー王立植物園・テンペレート・ハウス（1863年、増築1897年、pp.238–239）は、バートン単独の設計、ウィリアム・キュビット社が施工した温帯（中国、メキシコ、オーストラリア）植物用温室で、矩形平面の中央棟と両側に配した八角形平面のパヴィリオンから成る。中央棟、パヴィリオンとも、石造プラスター仕上げの壁には円弧アーチの窓が穿たれ、付柱がコーニスから突き出されて花瓶を支える。広大な中央棟は二列の柱で身廊と側廊に仕切られ、それが二段に折り上げた寄棟屋根として分節されており、またその屋根には、温帯植物育成のため夏に開閉できるガラス引戸が導入された。合掌は鋳鉄製ラチス梁で、2本の鋳鉄柱で支持されている。1897年には八角形パヴィリオンのさらに外側に1対のパヴィリオンが付加された。

　富裕な金属商で技師を自称していたジョン・キッブル（1815–94年）は、1865年、スコットランド、ロング湖畔の自邸にウィンター・ガーデンを造営、1873年には、それをグラスゴー、ケルヴィン川沿いのグラスゴー植物園内に移設して、美術・園芸の展示、コンサート等を催すアート・パレスとして営業したが、1881年にグラスゴー植物園がそれを買い取ってグラスゴー植物園・ウィンター・ガーデン（現キッブル・パレス、pp.240–245）に改めた。大小2つの円形平面が十字形の廊下で繋がれ、前者がガラスのドーム、後者がガラスのヴォールトで覆われている。直径146フィートの大円形平面は2つの同心円で分節され、バロック建築に見られるような捩り文付きコリント式鋳鉄柱が、外側の円に24本、内側の円に12本立ち並ぶ。それぞれの円では、柱から植物の透かし細工が施された鋳鉄製持ち送りが伸ばされて、成12インチの環状鋳鉄梁を支えており、内側の環状鋳鉄梁上には喚気窓がとられ、その上にソーサー・ドームと明り塔が載せられている。錬鉄製フラット・バーの両側にアングルを付けた桟が、最も外側にある砂岩造基礎から弧を描いて立ち上がり、水平方向に通されたケーブルで互いに連結されて、最後には環状鋳鉄梁に達する。その桟に最大13×35インチの曲面ガラスが留められている。こうして近傍の構造体で支持されていない自立した1枚のガラス被膜によって、内部がすっぽりと包みこまれているのである。全高43フィートと高さはさほどではないが、これこそ垂直方向に伸びたガラスの「チューブ」である。キュー王立植物園長ウィリアム・フッカーはウィンター・ガーデンへの改修に関わり、温水暖房設備を設計した。

2 | 市場

●街路・広場の内部空間化

　温室は、鉄骨造・ガラス貼りの壁と屋根が一続きになって人を包み込む「チューブ」となったが、その屋根だけが街路や広場といった外部空間を覆うために使われ、それらが内部空間化されていった。商品を見歩き、売買し、使用するために、見も知らぬ様々な階級や職業の老若男女が一堂に会する、すなわち群衆という新たな人間集団が跋扈する半内部空間、屋根付きの街路=アーケード、屋根付きの広場=マーケット、屋根付きのプラットフォーム=トレイン・シェッドが都市の随所に建てられた。温室という庭園内の植物展示空間が都市内の商品展示空間に転用され、遂には万国博覧会場や百貨店に結実していったのである。

　ロンドンのコヴェント・ガーデン（1630年-）は、イングリッシュ・ルネサンス建築の祖と言われるイニゴ・ジョーンズ（1573-1652年）が、第4代ベドフォード伯フランシス・ラッセル（1593-1641年）──前述したザ・ウォッシュの排水・干拓事業を請け負ったことで知られる──のために建てたロンドン初のスクエア、すなわち矩形広場とそれを囲むテラスハウスである。広場は、トスカナ式の神殿正面をもつセント・ポールズ教会とテラスハウス前面のロッジアで囲われているが、ここに、1670年の勅許により花卉、果物、根菜、香草を取り扱う市場が開設され、1748年には周辺にコーヒーハウスも建てられて、芸術家や俳優が集う所となった。1830年には、サイオン・ハウス温室の設計者チャールズ・ファウラーが、広場に外周路をとり、残された南辺・北辺に沿ってデヴォン産花崗岩造のドリス式列柱廊を巡らせたマーケットを建てた。1870年代以降、コヴェント・ガーデン・マーケットは改修され（pp.246-249）、既存南棟・北棟の内側、中央棟を挟んで2列の鉄骨造・ガラス貼りの大屋根が架けられた。ストック煉瓦造の壁際に立つ鋳鉄柱柱頭から大半円アーチが立ち上がり、さらにその頂部から小半円アーチが立ち上がって、二段に折り上げた寄棟屋根を支える一方、大半円アーチの迫元が桁行の小半円アーチで連結されている。広場東側、エドワード・ミドルトン・バリー設計の王立オペラハウス（1858年）南隣に、同じくバリーによってクリスタル・パレス袖廊を模したフローラル・ホール（1860年）が建てられ、さらに南に下った所に、ウィリアム・ロジャーズによってフラワー・マーケット（1871年）が建てられた。1974年、市場がバターシー火力発電所南東のニュー・コヴェント・ガーデンに移転した後、元のマーケットは改修され、フラワー・マーケットはロンドン交通博物館となった。

　中世以来、馬市場が開かれたロンドン市（シティ）北縁、スミスフィールドに、1638年、勅許による家畜市場が開設され、1855年には生きた家畜の売買がイズリントンの首都家畜市場に移設されたのを受け、新たにスミスフィールド食肉市場（現ロンドン中央市場、1868年、pp.250-253）が建てられた。設計者

［図74］レドンホール市場、ロンドン、ホーレス・ジョーンズ設計、1881年

は、タワーブリッジを手掛けたロンドン市建築家ホーレス・ジョーンズで、ここでは屋根架構に古典様式の装いを施した。東市場と西市場を横断する通路入口は、カップルド・ピラスター＊が扁平アーチとペディメントを支える神殿正面で飾られている。内部でも同様に鉄製扁平アーチが木造トラスを支え、円環に植物の透かし文様をあしらったアーチ・スパンドレルの側面から差し込む光が、着彩された鉄材と白い木材との対比を鮮やかに照らし出す。縦断通路は身廊と側廊に分割され、その間の鉄製の柱とアーチが桁を支え、その桁上に木造扁平アーチとトラスが載る。以後、この建物の西側に、鳥肉市場（1876年）、果物・野菜市場（1883年）等が増築された。レドンホール市場（1881年、図74）も同じくホーレス・ジョーンズの設計で、その鉄骨造・ガラス貼りのアーケードは、スミスフィールド市場以上に繊細で色鮮やかである。

VII

結

●かつての錬鉄細工が終わる

　ハットフィールド・ハウス（1607–12年）は、国王ジェームズⅠ世の寵臣、初代ソールズベリー伯ロバート・セシルが建てたジャコビアン様式を代表するカントリーハウスで、南正門（pp.254–255）には、煉瓦造・隅石付きのポスト間に透かし文様の入った錬鉄製門扉が収められている。錬鉄の細い線材で、文字や紋章だけではなく、植物、動物、人間等を形作り、それを「図」として見つつ、同時に「地」である庭園風景も見通すことのできる自立した透過面。そうした錬鉄製ゲート・スクリーンを隆盛に導いたのが、1685年頃、フランスからイングランドに亡命してきたユグノーの金工ジャン・ティユーであった。彼は錬鉄の線材だけでなく板材も用い、それを浮き彫りにして複雑で立体的な文様を作り出したが、その作品は、イングリッシュ・ルネサンスからバロックへの移行を主導した建築家クリストファー・レン（1632–1723年）設計のハンプトン・コート宮殿（1690–96年）やレンの弟子ウィリアム・タルマン（1650–1719年）設計のチャッツワース（1686年–）をきらびやかに飾っている。同じくレンの弟子ニコラス・ホークスモア（1661–1736年）が設計したカントリーハウス、イーストン・ネストン（1696–1702年）の長大なバロック階段では、錬鉄製ティユー様式の手摺子が木製手摺を支えている。また当初造営された整形庭園の名残である亭＝ガゼボ（pp.256–257）では、円をなす石造古典様式の柱–梁が、透かし細工の施された錬鉄鉄製ドームと風見鶏を支えており、ドームの下に立つと、空を背景として精妙な渦巻き文様を仰ぎ見ることができる。

　これら錬鉄製のゲート・スクリーンやガゼボは、18世紀後半ともなると、風景式庭園への「改良」により一掃されてしまう。またコークス高炉製鉄により銑鉄が大量生産されるようになると、手作業で注文生産される高価な錬鉄製品よりも、砂型に銑鉄を流し込んで大量生産される安価な鋳鉄製品が、建築に使われ始める。例えば、ロバート・アダムの兄、建築家のジョン・アダム（1721–92年）は、コークス高炉製鉄法をいち早く取り入れ、建築用鋳鉄製品を世に送り出したパイオニア、キャロン製鉄所（1759年創設）の出資者の一人であったし、ロバート・アダムも自作で鋳鉄製品を愛用した。またコールブルックデール製鉄所は、ロンドン万国博覧会（1851年）で自社の鋳鉄製門扉［図75］や噴水などを展示した。日常のありとあらゆるものが、鋳鉄製品で置き替えられていき、果ては鋳鉄製の墓標まで作られた。地元で石材を産しないせいであろうか。サフォークシャー、ロング・メルフォード、ホリー・トリニティ教会墓地（pp.258–259）には、鋳鉄製の墓標が今もひっそりと佇む。それは産業革命による錬鉄細工の死を示すものであったろうが、今やその古びて赤錆びた肌が、産業革命が経てきた時の長さを物語っているのである。

［図75］鋳鉄製門扉、コールブルックデール製鉄所製、ロンドン万国博覧会、1851年

「クリスタル・パレス」の出現

近代建築史上、鉄骨造・ガラス貼り建築の嚆矢とされる第1回ロンドン万国博覧会場、クリスタル・パレス（1851年）は、温室を出自とする。ヨーロッパ列強の植民地拡大により、世界中の珍種・奇種の植物がプラント・ハンターによってヨーロッパにもたらされた。スウェーデン人、カール・フォン・リンネ（1707－78年）は『自然の体系』（1735年）を著し、植物をおしべの本数という形態の類縁性によって分類、それらを属名と種名のラテン語－二名法－で表記し、さらに網、目といった上位の分類単位を設けて、植物を階層的に体系化した。こうした共時的タイポロジーが近代博物学＝自然史（natural history）の礎となったが、チャールズ・ダーウィン（1809－82年）著『種の起源』（1859）以降の進化論により、進化の近接性による系統分類、すなわち通時的タイポロジーに置換されていった。そうした博物学の隆盛に伴い、イギリスでは、造園家ハンフリー・レプトンが、従前の風景式庭園内にさまざまなタイプの小庭園をコラージュしたピクチュアレスク庭園を編み出し、ジョン・クローディアス・ラウドンはそれを中小規模に縮約した園芸主体のガーデネスク庭園を提唱し、その中のフォリーとして温室を建てた。ヴィクトリア朝の貴族や新興成金はこぞって外来の珍種・奇種の植物を収集しては、それを見せびらかすための大温室——ジョゼフ・パクストン設計のチャッツワース・大温室（1840年、図71）等——や絨毯植え*の大花壇を造営した。他方、大都市には、獲得した植物とそれが生息していた植民地の広がりを誇示すべく植物園が設立され、その中に熱帯・亜熱帯の植物を育成する大温室——デシマス・バートン、リチャード・ターナー設計のキュー王立植物園・パームハウス（1848年、pp.234-237）等——が建てられるようになった。

博物学は植物、動物、鉱物を分類、体系付けたが、その考え方を人工物に適用したのが、万国博覧会であった。イギリスでは公文書館副館長であったヘンリー・コールが奔走し、1847年に勅許を得て美術・製品・商業奨励協会（1754年創設）をヴィクトリア女王の夫、ザクセン＝コーブルク＝ゴータ公子・アルバートを会長とする王立協会とし、同年から毎年展覧会を催した。1851年開催予定の展覧会では植民地を含む外国からの出品を盛り込んだ万国博覧会とすることになり、1850年1月にアルバート公を総裁に戴く王立委員会、技師ロバート・スティーヴンソンを委員長、建築家マシュー・ディグビー・ワイアットを書記長とする実行委員会、技師ウィリアム・キュビットを委員長とし、技師のロバート・スティーヴンソン、イザムバード・キングダム・ブルネル、建築家のチャールズ・ロバート・コッカレル（1788－1863年）、チャールズ・バリー（1795－1860年）、トマス・

*絨毯植え（carpet bedding）：2種類以上の草花を用いて絨毯のような多彩で幾何学的なパターンを描く植え方

レヴァートン・ドナルドソン（1795−1885年）を含む建築委員会が設立された。建築委員会は、直ちに万国博覧会場の国際競技設計（1850年2月21日公示−3月15日締切）を開催、245点の応募案からパリのエクトル・オロー（1801−72年）とダブリンのリチャード・ターナーの案を選出したが、両案とも採択しないとの報告（同年5月9日）を上げた。代わりにマシュー・ディグビー・ワイアットやオーエン・ジョーンズの協力を得て、中央に直径200フィート、高さ150フィート、鉄骨造・ガラス貼りの大ドームを戴く全長2200フィート、幅450フィートの煉瓦造建築という建築委員会案を公表（同年6月22日）したが、これは選出案を混成しただけの代物で、建設費も莫大になるとの批判に晒された。建築委員会が右往左往している間に、ミッドランド鉄道の役員でもあったジョゼフ・パクストンは、鉄道王ジョージ・ハドソン辞任後、同社社長となった下院議員ジョン・エリスの要請を受け、全長1848フィート、幅408フィート、鉄骨造・ガラス貼りの万国博覧会場案を、ウィリアム・ヘンリー・バーロウを助手として作成（同年6月21日）、建築委員会に提出した後、バーミンガム近郊スミジックを拠点とする施工業者フォックス＆ヘンダーソン社のチャールズ・フォックス（1810−74年）とガラス製造業者チャンス兄弟社のロバート・ルーカス・チャンスに工事見積を依頼、工期、工事費共に条件を満たすことを確認した。が、それでも建築委員会が難色を示したため、パクストンは設計案を公表（同年7月6日）、同案は世論の熱狂的な支持を得て、建築委員会はその採択を王立委員会に答申（同年7月15日）、王立委員会は即刻公認した。

　この案から実施案までの設計変更は1点のみ、万国博覧会場敷地に選ばれたハイド・パーク南縁には楡の巨木が立っており、それを残すことが要請されたため、パクストンはチャッツワース・大温室のデザインに倣って、建物中央部を横断する高さ108フィート、半円ヴォールト屋根を戴く袖廊を挿入した（図76−77）。チャンス兄弟社で製造可能な板ガラスは、長さ49インチ、幅10インチ、厚さ1/16インチ、それをスパン8フィートの木製「パクストン樋」から中央に置かれた棟木に差し掛け、底辺8フィート、底角8.5度の二等辺三角形を作り、さらにそれを幅2インチの木桟を介して桁行に24枚連ねて、長さ24ftの切妻屋根とする。それを3つ並置した24フィート×24フィートの正方形平面を、四隅の縦樋を兼ねた中空鋳鉄柱とそれらを繋ぐ成3フィートの鋳鉄トラス梁で支える。その単位を桁行に77、梁行に17連ねて、全長1848フィート、幅408フィートの建物全体をガラス屋根で覆う。身廊と袖廊の幅は、ともに3単位分、72フィートとする。身廊では、梁行に成3フィート、両端垂直材を木製、

［図76］クリスタル・パレス、全景、ハイド・パーク、ロンドン、ジョゼフ・パクストン設計、1851年

［図77］「女王陛下を待つ」、ジョゼフ・ナッシュ画、1851年

［図78］クリスタル・パレス、袖廊ヴォールト屋根の
施工、1850年11月

［図79］クリスタル・パレス、「ガラス貼り用ワゴン」、
1850年12月

＊プレファブリケーション（prefabrication）：現場で
　組み立てる前に部材をあらかじめ作っておくこ
　と。略して「プレファブ」という。
＊John Ruskin, The Stones of Venice, London, 1851.
＊Lothar Bucher, Kulturhistorische Skizzen aus der
　Industrieausstellung aller Völker, Frankfurt,
　1851.

中間垂直材を鋳鉄製、斜材を錬鉄製とするハイブリッド・トラス梁を、袖廊との交差部には成6フィート、両端垂直材を鋳鉄製、斜材を錬鉄製とするハイブリッド・トラス梁を差し渡し、鋳鉄柱で支える。袖廊のヴォールト屋根［図78］では、直径72フィートの木製集成材半円アーチをスパン24フィートで並べ、それらを木製桁と錬鉄製筋交で繋いだ骨組の上に、身廊、側廊と同様の木骨ガラス貼りの折板屋根を架ける。構造と工法はチャールズ・フォックスが担当、施工はウィリアム・キュビットが総括、ここではすべての部材を工場で生産し、それを現場で組み立てるというプレファブリケーション＊工法を採り、工期を飛躍的に短縮させた。興味深いのは、木製「パクストン樋」に車輪をかませ、間に板を渡した「ガラス貼り用ワゴン」［図79］で、そこに作業員2名とボーイ1名が乗り込み、後方のボーイがワゴンを移動させつつガラスを手渡しし、棟木両側に座った2名の作業員が板ガラスを建て込むことで、作業員1名当たり1日平均108枚のガラスを貼ることができたという。内装および展示は、建築家兼デザイナーのオーエン・ジョーンズが担当した。彼は古代ギリシャ・ローマやアルハンブラ宮殿の内装に影響を受け、鋳鉄、錬鉄、木から成る骨組を白だけではなく赤・黄・青の多彩色で塗装し、それを背景にして原材料、機械、製品、美術に分類した10万点余りの展示物を配置した。

　かくして、植物展示用の温室が、世界各地から集められた万物を展示する万国博覧会場に転用され、『イラストレイテッド・ロンドン・ニューズ』『パンチ』誌などで「クリスタル・パレス」と呼び慣わされるようになった。ヴィクトリア朝のゴシック・リヴァイヴァルを主導した両雄、A.W.N.ピュージン（1812−52年）はこれを「ガラスの怪物」と呼び、ジョン・ラスキンは「今まで建てられた温室よりも大きい温室」にすぎず、「鉄ではより高い美は永久に不可能だということを最終的に実証した」＊と評した。が、逆に一般人はその新奇さに目を瞠った。後にビスマルクの片腕となるプロイセンの政治家ロタール・ブーヒャー（1817−92年）の報告を聞こう。「われわれの目には、左右均斉の線が作り出す細かな網目細工が見える。だが、目から網目までの距離と、その網目の大きさを判定するための拠りどころがどこにもないのだ。（中略）目は果てしない見通しのなかをさまよい続け、見通しの果ては、青い空の中に溶け込んでいる。」＊　「骨」と「皮」から成る建物、しかもその「骨」はそれが支える空間のヴォリュームに比して極めて細く、透明な「皮」は内外空間の区分を消失させる。リヒャルト・ルーケのいう「ほとんど実体なき境目」により「もはや空間（部屋）たるを止めた人工環境」が現出したのである。これは、自然から光と大気ばかりでなく

榆の巨木という緑をも切り取ったという点で、CIAM（近代建築国際会議）の「アテネ憲章」（1933年）で提唱された近代都市のモットー「太陽・空間・緑」を先取りしていたと言ってよかろう。

第1回万国博覧会が成功裏に終わった後、王立委員会はその収益金でハイド・パーク南側、サウス・ケンジントンの地所87エーカーを購入、サウス・ケンジントン（現ヴィクリア・アルバート）美術館（フランシス・フォーク設計、1857年）を建設、1862年には再度万国博覧会を開催した後、跡地にロンドン自然史博物館（アルフレッド・ウォーターハウス設計、1881年）等が建てられた。ヘンリー・コールはサウス・ケンジントン美術館初代館長となり、オーエン・ジョーンズはそこでの装飾の収集に協力する一方、博物学的装飾論『装飾の文法』（1856年）を著した。

万国博覧会場の建物は、ロンドン南郊シデナムに移設された。が、この新たなクリスタル・パレス（1854年、1936年焼失、図80）は、元の部材とモデュールを再利用したとは言え、マシュー・ディグビー・ワイアットとオーエン・ジョーンズの手で、建物両端に袖廊を付加、その袖廊と身廊に木の集成材ではなく錬鉄製の半円アーチ・リブから成るヴォールト屋根（幅72フィート、高さ108フィート）、中央の袖廊にも同様のヴォールト屋根（幅120フィート、高さ168フィート）を架けるなど、大幅な設計変更が加えられた。また建物両側には、イザムバート・キングダム・ブルネルの手で、内部大噴水群用の2本の給水塔（高さ284フィート）が建てられた。ブルネルは、万国博覧会建築委員会案をまとめ、パクストン案に反対した中心人物であったが、シデナムのクリスタル・パレスに関わった他の2人、ワイアットとジョーンズの協力を得て、グレート・ウェスタン鉄道のロンドン・ターミナル、パディントン駅トレイン・シェッド（1854年、pp.66–69）を錬鉄製半円アーチ・リブ、ガラス貼りのヴォールト屋根で作り上げた。トレイン・シェッドが蒸気機関車を格納する一種の博物館であるとするならば、そこに万国博覧会場の構造・意匠が援用されたとしても何ら不思議ではない。さらに鉄骨造・ガラス貼りの大屋根は、商品を卸売するマーケット、小売店群が立ち並ぶアーケード、それを1ヶ所に集約し、あらゆる商品を部門別に分類して小売する百貨店へと転用されていく。めくるめく光学的幻影の下でモノを見ることが、それを所有したいという欲望へと転化される。そうした近代的大量消費のからくりを、ヴァルター・ベンヤミン（1892–1940年）は「商品という物神の巡礼場」*と称したのである。

［図80］クリスタル・パレス、シデナム、ロンドン、ジョゼフ・パクストン他設計、1854年

*ヴァルター・ベンヤミン『パサージュ論−I』岩波書店、1993年

サイオン・ハウス・大温室、ハウンズロウ、ロンドン／チャールズ・ファウラー設計、1827年―――Great Conservatory, Syon House, Hounslow, London
主屋にドームを架け、そこから四分の一円の渡り廊下を伸ばした先にパヴィリオンを配した大温室。平面や立面はパラディアニズムを踏襲しているが、
砂岩造外壁は書割にすぎず、その背後に鉄骨造・ガラス貼りの透明なヴォリュームが立ち上がる。

チャッツワース・温室の壁、ダービーシャー／ジョゼフ・パクストン設計、1848年―――Conservative Wall, Chatsworth, Derbyshire

造園家ジョゼフ・パクストンは、チャッツワースに大温室、ヴィクトリア・レギア・ハウスなどの温室群を作ったが、現存するのはこの温室の壁だけである。
厩舎へのアプローチを隠す石造壁に沿って、10本のガラス「チューブ」が階段状に連続する。

チャッツワース・温室の壁、立面
鋳鉄製角柱と木製方立で細かく分節されたガラス面。そこから入る陽光が、壁に沿って植えられたツバキに降り注ぐ。

キュー王立植物園・パームハウス、キュー、リッチモンド、ロンドン／デシマス・バートン、リチャード・ターナー設計、1848年―――
Palm House, Kew Royal Botanical Garden, Kew, Richmond, London

キュー植物園は1840年に王立となった後、一般公開されるとともに、パームハウスが建設された。錬鉄製半円アーチ・リブがケーブル内蔵の錬鉄管で繋がれ、鉄製窓桟に曲面ガラスが嵌め込まれている。この透明な「チューブ」という人工環境が、熱帯植物と人間を包み込む。

キュー王立植物園・パームハウス、中央部(p.236)**と翼部足元**(p.237)
パーム・ハウス中央部は、錬鉄製半円アーチ・リブが2段に折り上げられた大空間となり、透かし細工の施された螺旋階段が
2階ギャラリーまで通じている。翼部足元では、半円アーチ・リブと土台との接合部が渦巻形装飾で補強されている。

キュー王立植物園・テンペレート・ハウス、キュー、リッチモンド、ロンドン／デシマス・バートン設計、1863年、増築1897年————
Temperate House, Kew Royal Botanical Garden, Kew, Richmond, London

キュー王立植物園には、温帯（中国、メキシコ、オーストラリア）植物用の温室、テンペレート・ハウスも建てられた。
矩形平面の中央棟と両側の八角形平面のパヴィリオンは、ともに石造プラスター仕上げの壁をもっており、伝統的な「建築」に逆戻りしている。

グラスゴー植物園・ウィンター・ガーデン(現キッブル・パレス)、グラスゴー、スコットランド／ジョン・キッブル設計、1872年―――
Winter Garden (Kibble Palace), Glasgow Botanical Garden, Glasgow, Scotland

大小2つの円形平面にガラスのドームが架けられた温室。特に大ドームは、2つの同心円上に配された鋳鉄製の円柱と環状梁で支えられているだけで、曲面ガラスが基礎からドーム頂部まで連続して内部を包み込んでいる。

グラスゴー植物園、ウィンター・ガーデン（現キッブル・パレス）、ドーム頂部
大小2つのドームが折り重なって見える。

グラスゴー植物園、ウィンター・ガーデン（現キップル・パレス）、内観

内部から見ると、ガラスのドームとヴォールトの接合部が複雑な曲線を描く方立と張弦梁で支持されていることがわかる。
大ドーム内部では、コリント式鋳鉄柱から透かし植物文様入りの持ち送りが伸ばされて、環状鋳鉄梁を支えている。

コヴェント・ガーデン・マーケット、ロンドン／チャールズ・ファウラー設計、1830年、改修1870年－―――Covent Garden Market, London
コヴェント・ガーデンはかつての青果市場で、石造ドリス式列柱廊を巡らせたマーケット北棟・南棟の内側、中央棟を挟んで2列の鉄骨造・ガラス貼りの
大屋根が架けられた。既存棟瓦造の壁際に鋳鉄柱が立てられ、そこに渡された大小2つの半円アーチで折上寄棟屋根を支えている。

コヴェント・ガーデン・マーケット、内観
鋳鉄柱は桁行方向でも大小のアーチとメダリオンで連結されている。

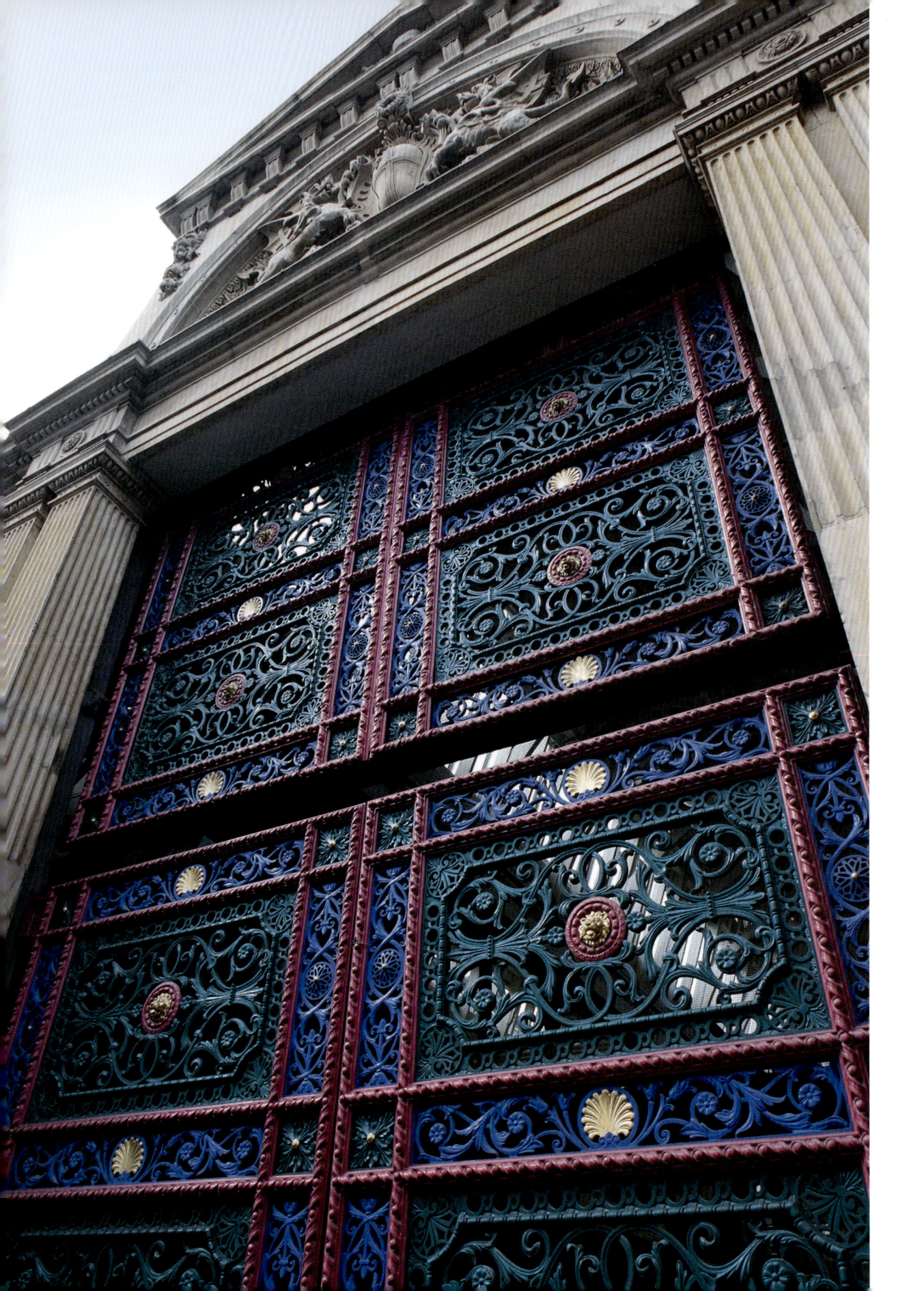

スミスフィールド食肉市場（現ロンドン中央市場）、ファリンドン、ロンドン／ホーレス・ジョーンズ設計、1868年———
Smithfield Meat Market (London Central Markets)、Farringdon, London
ロンドン市北縁スミスフィールドでは、家畜市場が郊外に移設された後、食肉市場が建てられた。東市場と西市場を横断する通路入口は
多彩色の鋳鉄製門扉で飾られ、同様の多彩色鉄製扁平アーチとスパンドレルを通して内部に外光が導かれる。

スミスフィールド食肉市場（現ロンドン中央市場）、縦断通路内観
縦断道路は身廊と側廊に分割され、鉄製の柱とアーチが支える桁上に木造扁平アーチが架けられている。

ハットフィールド・ハウス、南門、ハットフィールド、ハートフォードシャー―――Hatfield House, South Gate, Hatfield, Hertfordshire
金工ジャン・ティユーがイングランドに持ち込んだ、細かな透かし文様をあしらった錬鉄製の門扉

イーストン・ネストン、ガゼボ、トウスター近郊、ノーザンプトンシャー／ニコラス・ホークスモア設計、1696-1702年——
Easton Neston, Gazebo, nr. Towcester, Northamptonshire
イングリッシュ・バロック様式のカントリーハウス、イーストン・ネストンでは、階段手摺や整形庭園内のガゼボ（亭）に、錬鉄製ティユー
様式の透かし細工を見ることができる。

ホリー・トリニティ教会墓地、ロングメルフォード、サフォーク————Holly Trinity Church, Graveyard, Long Melford, Suffolk

練鉄製品は手作業で注文生産されるたた極めて高価であったが、コークス高炉法による製鉄が普及すると、砂型に銑鉄を流し込んで大量生産する安価な鋳鉄製品が取って代わるようになり、果ては鋳鉄製の墓標まで製造された。

　幕末から明治、大正、昭和戦前にかけて建設され、日本の近代化に貢献してきた建物や構築物を「近代化遺産」として評価する動きが、いま広がっている。

　40年ぐらい前から、日本の近代建築いわゆる西洋館を撮影してきた。20年もすると主だった建物は撮りつくし、その後は橋やトンネル、工場、発電所、煙突、そして灯台、ドックなどを面白いから、好きだからといって追っかけてきた。これらは日本の近代にとってどうしても必要であったもの、あるいは日本の産業革命の尖兵として働き続けたものたちである。建築もあれば土木構造物もあるので、専門家たちもその場その場で産業遺跡とか産業考古学的構造物と呼んでいた。しばらくして当時の文化庁が、これらの物件を「近代化遺産」と定義づけた。西洋館との違いは、物件が大きいこと、建てられた場所や人間との関わりの深さである。それは地方へ取材撮影に行くとよくわかる。かなり有名な建築家の作品でも、小品ともなると探すのに苦労することが多い。しかし、近代化遺産の場合は、有名でないものでも地元の誰もが知っている。またその造形も建築とは異なる。近代化遺産のほとんどが、機能によって形態が決められる。美しく見せようというのではなく、若い技術者の物をつくる喜びや誇りが格調高い造形を生み出している。そこには技術にかけるロマンあふれる世界が広がっている。

　近代化の先鋒たるイギリスではこれらの物件を「産業遺産 (industrial heritage)」と呼んでいる。産業革命は1760年代に始まり、ほぼ100年かけて達成している。明治維新が1868年であるから、まことにタイミングよく、日本はイギリスで試された多くの技術から導入することができ、その背景として、わずか30年あまりで近代国家の仲間入りを果たすことができた。日本の近代化は、世界の近代史上でも奇跡とまで言われるほど短期間に成し遂げられたのである。

　日本が手本とした欧米先進国、なかでも、世界で最も早く産業革命を成し遂げたイギリスを訪ねたのは25年前のことである。まず世界初の鉄の橋があるというので行ってみた。場所はイギリス中西部のバーミンガム地方を流れるセヴァーン川のほとりの町、コールブルックデールである。地図で探すと、町名と一緒に「アイアン・ブリッジ」とも書いてある。ロンドンからフリーウェイに乗り、イングランドの田園地帯を走って、およそ4時間。小高い山々が連なり、谷間には澄んだ水が流れる渓谷の町、コールブルックデールに着いた。町は「アイアン・ブリッジ」を中心に小さなホテルやパブ、みやげもの店などが並ぶ静かな観光地の佇まいである。しかし、18世紀の中頃に山の木は伐採され、工場から吐き出される煤煙で草木も枯れ、山々は禿げあがっていたという。溶鉱炉の火が夜も赤々と燃える様は、近代の曙を象徴する光景だったに違いない。

　この地方の製鉄業者、アブラハム・ダービーⅠ世が地下に眠る鉄鉱石と石

炭を利用して精錬する方法を世界で初めて考え出し、今までにない安い鉄の大量生産に成功した。驚くことに、この地で、当時のイギリス全土で生産される鉄の40パーセントが生産されていたのである。このためコールブルックデールは産業革命発祥の地と呼ばれるようになった。そして鉄を使った様々な産業が生まれた。鍋窯はもちろん、街灯、柱、階段から船や橋までもが鋳鉄で製造された。

今も残る世界初の鉄の橋は、ダービーⅢ世によって1779年に架けられた。強靭な錬鉄とは違い、脆弱な鋳鉄（鋳物）での橋造り。何せ初めての試みだっただけに多くの苦労があったようだ。随所に工夫はなされているが、鉄の使用量は半端ではない。部材と部材とのジョイントが金具で絞められ、全体が組み上げられている。ほとんど木の橋と同じ工法である。はじめて使う素材では、構造は安全を見込んで、どうしても鈍重になるものだろうと思っていたが、デザイン面での配慮もなされた華麗な橋に仕上げられていた。橋中央の欄干部には、装飾の中に1779の数字が読み取れた。この「アイアン・ブリッジ」は世界遺産にも指定され、今も各国から多くの人々が訪れる、産業革命の聖地となっている。

話を日本に戻そう。開国と同時に欧米諸国と貿易を行うため、早急に灯台を建設するようにと明治政府に強い要請があった。日本にも漁船などが港に帰って来るための「ここが母港である」と知らせる港用灯台は古くからあったが、外洋船が航路を間違えないように導く航路用灯台は、明治以前の日本にはまったくなかった。鎖国をしていたので、外国からの船の来港は御法度で、灯台は必要なかったのである。そこで明治政府は灯台の技術では世界をリードしていたイギリスに依頼し、「お雇い外国人」としてブラントンを招請した。彼は極めて優秀なエンジニアで、短期間のうちに北海道から九州まで全国27か所に灯台を建設した。のちに彼は「灯台の父」とまで呼ばれるようになる。

彼の国、イギリスの灯台はどのようなものなのか、そのいくつかを訪ねてみた。当たり前のことだが、明治初頭に日本が指導を受けた時点で、灯台はほぼ完成していた。ぼくらにとっての灯台は、円筒形の塔の上にランプが付いていて、そのランプがグルグル回るというイメージしかないが、現地で灯台を見ていくと、100年間にいろいろな形が試行錯誤されていたことに驚かされた。本書で紹介した1720年に建てられた昼間用の灯台、正確にはビーコン（水路標識）は、灯台の元祖のようなもので、イングランド東部に位置する港町の小高い丘の上に立っていた。高さは25メートル。現存する無灯火の灯台では一番大きいといわれている。現在は使われてはいないが、街のランドマークとして大切に保存されており、どこからもよく見え、永く親しんだ風景の一部となっている。

イギリスには、橋梁はもちろん、鉄道やトンネル、駅舎など、ありとあら

ゆるものを手がけ大活躍した2人の偉大なエンジニアがいた。その一人は、イギリス土木学会初代会長を務めたトーマス・テルフォードである。彼は「イギリス土木の父」と言われ、ウェストミンスターにある土木学会の建物は「テルフォード・ハウス」と呼ばれている。土木界で最も名誉ある賞は「テルフォード賞」と名付けられているが、琵琶湖疎水（1889年）を貫通させた弱冠23歳の青年技師、田辺朔郎に、イギリス土木学会から「テルフォード賞」が贈られたのである。

　もう一人の超人的な天才肌のエンジニアが、イザムバード・キングダム・ブルネルである。父であるマーク・ブルネルはヴィクトリア女王から「ナイト」の称号を授けられた有名な技術者である。その息子としてイギリスのポーツマスで生まれ、14歳で父と同じ教育を受けるためにフランスへ渡り、16歳で帰国し父の事務所に入り、テムズ川の地下を貫くトンネル工事の現場主任として父の仕事を手伝った。親子がトンネル内で寝食を共にして働いたのである。工事の途中でテムズ川の水が何度も浸水し、大事故もおこすが、忍耐と努力で難関を乗り越え、18年の歳月をかけてこの河底トンネル工事を完成させた。

　現存するブルネルの代表作としては、クリフトン吊橋が挙げられる。1829年、ブリストンのエイヴォン峡谷に架橋するという大工事のコンペが開催された。その審査にあたったテルフォードがすべての応募作品を不合格としたため、審査委員会が、再度公募をし、ブルネルの応募案が選ばれた。ところが工事はスタートして間もなく資金不足のため両側の橋脚部分を建てたところでストップ、放置状態が長く続いた。

　彼の死去（1859年）後も未完成だったため、その翌年、土木学会がブルネルを顕彰すべく、この橋を完成させようと動きだし、1864年に竣工させたのである。ブルネルは橋、トンネル、造船など技術的な構造物に対して特別な感情で接していたようである。クリフトン吊橋のことを話すとき、彼はいつも「私の最初の子供」とか「可愛い子供」と呼びかけていたという。

　1760年ごろからイギリスでは、次々と綿紡績の新しい技術が開発された。当時、植民地であったインドから安く質の良い綿花を大量に仕入れ、製品化して、世界中に輸出したのである。これにより大規模な近代的紡績工場が次々に建設されていくが、初めは渓谷に建設された。川の流れで水車を回し、その力で紡績機を動かすので、どうしても狭く足場の悪い谷間に工場を造らざるをえなかった。ところが紡績機を動かす動力が水車から蒸気機関に変換されるにつれ、工場は平地に建てられていくのである。

　大規模工場としてはスコットランドのエディンバラから車で1時間ほど行った中央スコットランドのクライド渓谷に、ニュー・ラナークがある。ここは1784年、企業家のデヴィット・デールと近代綿紡績の父と呼ばれたリチャード・アークライトによって建設された工場であるが、1800年から1825年にかけてデールの娘婿である社会主義者のロバート・オーウェンが「よりよい環境は高

い生産性を生む」という理念に基づき理想的な社会の建設を目指したモデル工場を建設していった。彼の進歩的な経営により事業の改善と拡大が行われ、その利益を働く人々の生活の向上にあてた。当時は当たり前に行われていた、幼い子供たちの労働を禁止し、工場の敷地内に世界初の幼児学校と夜間学校を創設し、そこで読み書きや算術を教え、絵画や音楽などの情操教育にも力を入れた。さらに労働時間の短縮や無料で医療を受けられるようにした。そして食品や家庭用品なども安く仕入れ手頃な値段で販売したというから、現在のコープ（生協）の先駆けでもある。オーウェンは少なくとも100年先を見据えてアイデアを出し、ニュー・ラナークの生活を一変させた。技術革新により機械を動かしていた水車は水タービンに変わり、1898年には水力発電も行われるようになり、1968年までこの工場は稼働し続けた。今も産業革命時代に建設された村が当時のままの姿で保存されているのである。

　ここで取り上げたイギリスの産業遺産は67件で、世界遺産に認定されたものは、世界最古の鋳鉄橋アイアン・ブリッジ、エディンバラのフォース湾に架かる鉄道橋で1890年の完成当時は世界最長だったフォース橋、世界一の出炭量を誇った南ウェールズのビック・ピット炭坑とブレナヴォン製鉄所、スコットランドのクライド渓谷にあるニュー・ラナーク、同じく水車動力による工場の見本といわれたマッソン・ミルズ、港湾施設ではリヴァプールのアルバート・ドック、鉄とガラスの宮殿ともいうべきロンドン、キュー王立植物園のパーム・ハウスとテンペレート・ハウスである。これら7世界遺産・9物件すべてを巡ってきた。

　産業遺産を巡り歩くと、それが地域や町村の宝物であることがはっきりしてくる。何しろ世界ではじめて作られたもので、どこにもお手本がない。その造形には無骨さ、素朴さ、美しさ、優雅さが混在し、強烈な存在感を感じさせる。産業遺産としてはどうかと思われるものもあるかもしれないが私の好きな事例の写真を収録させていただいた。そして撮影現場では、一つ一つが持っている歴史とともに、見たこと、感じたこと、思ったことを素直に写真で切り撮ってきた。

　出版するにあたり、多くの方々にお世話になった。写真の解説はイギリスの近代建築・都市に詳しい片木篤 名古屋大学教授にお願いした。二人が写真と文章で対話する中から、イギリスの産業革命に誕生したデザインの面白さ、美しさ、妖しさを味わっていただきたい。本書を持って実際に現地に足を運び見ていただければ、こんなにうれしいことはない。必ず、そこにはあなた自身による新たな発見があるはずである。

　出版を勧めてくださった柏書房の富澤凡子社長、それから編集部の山崎孝泰さんに、そして今回も見事な構成とブックデザインで、きれいな本に仕上げていただいたデザイナーの太田徹也さんに、心から御礼を申し上げます。

　古代ギリシャ人は、自然が「地」「水」「風」「火」の4元素から成ると考えたが、18世紀初頭に発明され、1769年にジェームズ・ワットが完成させた蒸気機関は、まさしくこれら4元素の相互転化により、人為的に動力を生み出す摩訶不思議な機械であった。「地」から掘り出された石炭を燃焼させ、その「火」でもって「水」を「風」(＝水蒸気)に変え、その圧力でシリンダー内のピストンを往復運動させ、さらには太陽・惑星歯車機構(後にはクランク機構)によって往復運動を回転運動に変換する。こうした蒸気機関によって、古代ギリシャ以来全く別物と考えられていた熱と運動を「エネルギー」として一括りにした新しい科学、熱力学が生み出される一方、現実の「地」「水」「火」「風」の有り様も大きく改変された。

　蒸気機関は、炭鉱の揚水に用いられ、石炭の大量生産を可能ならしめた。石炭は蒸気機関で駆動する巻上機で地上に引き上げられた後、蒸気機関車で積出港へ、さらに蒸気船で国内外の工場へと運ばれた。そこでもまた蒸気機関の燃料として使われ、その動力で工場に集中配備された自動機械を動かし、製品の大量生産を実現した。そしてその製品が蒸気機関、蒸気船で国内外に送り返されて消費された。原材料や製品の大量輸送、大量生産、大量消費が、地域や社会の構造そのものを、またそこで暮らす人間の生活をも一変せしめたのである。

　18-19世紀の原動機と汎用エネルギーが石炭を燃料とする蒸気機関とガスであったとすれば、20世紀にはそれが石油を燃料とする内燃機関と電気に取って代わられた。本書は、前者から後者へと移行するまでの時期、すなわち18-19世紀から20世紀前半までを対象とし、イギリスにおける交通基盤、生活基盤、生産施設、消費施設のテクノロジーとデザインの展開を追跡したものである。またコラムでは主として居住施設を取り上げて、CIAM(近代建築国際会議)のアテネ憲章(1933年)で提唱された都市の機能——居住・労働・余暇・交通——すべてを網羅するようにした。多くの施設は今では使われなくなり、「産業遺産(industrial heritage)」として保全されてはいるが、製作された当時は最先端のテクノロジーを駆使したデザイン・プロダクトであったはずである。ここではそれらをノスタルジックに振り返る史料ではなく、現在から未来にかけてのテクノロジーとデザインとのあり方を問う試料としてとらえている。その点で、産業遺産・世界遺産の概説書やガイドブックとは一線を画しているのではないかと密かに自負している。

　もう30年も前になろうか、エディンバラ西郊のフォース橋(1890年)を初めて見た時の驚きは忘れることができない。フォース橋は、塔状橋脚の両側にトラスに組んだ片持ち梁を張り出し、吊桁を介して繋げていくカンティレヴァー・トラス橋の一種で、湾に沿って遠望すると、西洋凧を3つ並べたような特異な構造のシルエットが見え、近づいて鉄道線路に沿って見ると、内部でも

いくつものトラスが斜めに渡され、その鳥の巣状の空隙を縫って列車が通っていくのが見える。18世紀イギリスの思想家、エドマンド・バークは、不明瞭さ、力、欠如、巨大さ、無限性、連続性、画一性といった属性をもち、人に恐怖の感情を惹起させるものを「崇高（sublime）」とし、従前の「美（beauty）」に対置した。そのモデルは、イギリス貴族がグランド・ツアーで遭遇したアルプスの峨々たる山並であったとされるが、産業革命を経た19世紀イギリスでは、それに匹敵するような崇高なる人工物が作り出された。その意味で、フォース橋には「工業的崇高性（industrial sublimity）」が顕現しているのではないか。よくよく見ると、小さい鋼鉄板をリベット留めして、中空鋼管やトラス梁を作っていることがわかる。無数の小さな部材を連結して大きな部位を作り、さらにその部位を組み合わせて巨大な全体を形作っているのであって、画一的な小部材を無限に連続させるという「過剰さ（excess）」が、全体の巨大さを一層引き立てているのだ。同様のことは、円形孔付き錬鉄板、通称アイバーをピンで連結し、それを幾重にも重ねて主ケーブルとしたメナイ吊橋やクリストン吊橋にも見ることができる。橋ばかりではない。同様の「過剰さ」による「工業的崇高性」は、18-19世紀イギリスの交通基盤、生活基盤、各種施設に通底する特徴ではないか。ここでは、私がかつてフォース橋で抱いた直観を手掛かりにして、個々の事例におけるテクノロジーとデザインの相関を読み解く作業をすることになった。

　本書は、建築写真家・増田彰久が撮影したイギリスの産業遺産の写真に、イギリスの建築・都市や都市基盤の意匠研究を行っている片木篤が総論を付け加えるという写真集として企画されたが、諸般の事情から出版が延期され、また片木の総論に沿って増田の写真をレイアウトするという体裁に改められて、漸く出版されることになった。元々の企画からすれば「本末転倒」しているように見えるかもしれないが、増田の写真が主役であることに変わりはない。章末にまとめた増田の写真を通覧した後に、片木の総論に戻り、そのなじみのない施設、見たこともないデザインがどのようにして生み出されたかを知ることができる。そんな読み方を通して、イギリスの産業遺産の魅力を感得してもらえれば幸いである。

　柏書房の富澤凡子社長からは、一般読者が理解できるような文章を書いてほしいと要請されたが、技師や建築家が作り上げた構造物の特徴を正確に表現するには、専門用語を使わざるを得ず、やむなく注と図版を補足して、読者の理解を助けるようにした。それが成功しているか否かは、読者の評価を待つしかない。担当の山崎孝泰氏には、長い間、辛抱強くつき合っていただいた。名古屋大学で同じ研究グループに属する同僚、西澤泰彦教授と堀田典裕助教からは当を得た助言をいただいた。最後にそのことを付記し、謝意に代えたい。

図版出典

図1
J.T. Desaguliers, *A Course in Experimental Philosophy*, Vol.2, 1744. （Richard Shelton Kirby, Sidney Withington, Arthur Burr Darling and Frederick Gridley Kilgour, *Engineering in History*, Dover Publications, New York, 1990, p.163, Figure 7.1.）

図2
Thames and Hudson Ltd archives （Asa Briggs, *Iron Bridge to Crystal Palace: Impact and Images of the Industrial Revolution*, Thames and Hudson, London, 1979, p.48.）

図3
Trustees of the Science Museum, London （Asa Briggs, *Iron Bridge to Crystal Palace: Impact and Images of the Industrial Revolution*, Thames and Hudson, London, 1979, p.90.）

図4
BW Archives （Nigel Crowe, *Book of Canals*, B. T. Batsford, London, 1994, p.17.）

図5
David J. Brown, *Bridges: Three Thousand Years of Defying Nature*, Mitchell Beazley, London, 1993, p.50.

図6
BW Archives （Nigel Crowe, *Book of Canals*, B. T. Batsford, London, 1994, p.26.）

図7
Atlas to the Life of Thomas Telford, 1838, p.31. （Eric de Maré, *The Nautical Style*, Architectural Press, 1973, p.20.）

図8
Atlas to the Life of Thomas Telford, 1838, p.32. （Eric de Maré, *The Nautical Style*, Architectural Press, 1973, p.80.）

図9
Port of Tyne Authority （R. W. Rennison ed., *Civil Engineering Heritage: Northern England*, Thomas Telford Ltd., London, 1996, p.44.）

図10
Eric de Maré, *The Nautical Style*, Architectural Press, 1973, p.48右.

図11
John Naish, *Seamarks: Their History and Development*, Stanford Maritime, London, 1985, p.120.

図12
Byrne, *Treatise on Highway Construction*, 1892. （Richard Shelton Kirby, Sidney Withington, Arthur Burr Darling and Frederick Gridley Kilgour, *Engineering in History*, Dover Publications, New York, 1990, p.201, Figure 8.1.）

図13
John Heskett, *Industrial Design*, Oxford University Press, New York and Toronto, 1980, p.30, fig.13.

図14
A. F. Kersting （M. Binney and D. Pearce ed., *Railway Architecture*, Bloomsbury Books, London, 1979, p.45.）

図15
Derek Walker, *Great Engineers*, Academy Editions, London, 1987, p.106.

図16
The National Gallery, London （Eric Shanes, *Impressionist London*, Abbeville Press, New York, 1994, fig.26.）

図17
筆者撮影

図18
筆者撮影

図19
Mary Evans Picture Gallery （Helena Barrett and John Phillips, *Suburban Style: The British Home 1840-1960*, Macdonald Orbis, London, 1987, p.27.）

図20
Asa Briggs, *Iron Bridge to Crystal Palace: Impact and Images of the Industrial Revolution*, Thames and Hudson, London, 1979, p.14.）

図21
Public Record Office （John Summerson, *The Life and Work of John Nash*, George Allen & Unwin, London, 1980, 33B.）

図22
Guild Hall Library, City of London （Stephan Oettermann, *The Panorama: History of a Mass Medium*, Zone Books, New York, 1997, p.136, fig.2.17.）

図23
Museum of London （Peter Murray and Mary Anne Stevens ed., *Living Bridges: The Inhabited Bridge, Past, Present and Future*, Prestel, Munich and New York, 1996, p.48, fig.50.）

図24
S.ギーディオン、『空間・時間・建築 1』丸善、1969年、p.219、図98

図25
Bridgeman Art Gallery, Guildhall Library, City of London （David J. Brown, *Bridges: Three Thousand Years of Defying Nature*, Mitchell Beazley, London, 1993, p.53.）

図26
David P. Billington, *The Tower and the Bridge: The New Art of Structural Engineering*, Basic Books, New York, 1983, p.32, fig.2.2.

図27
Bridgeman Art Gallery, Guildhall Library, City of London （David J. Brown, *Bridges: Three Thousand Years of Defying Nature*, Mitchell Beazley, London, 1993, p.53.）

図28
The Department of Art and Archeology, Princeton University （David P. Billington, *The Tower and the Bridge: The New Art of Structural Engineering*, Basic Books, New York, 1983, p.70, fig.4.4.）

図29
Brettmann Archive （David J. Brown, *Bridges: Three Thousand Years of Defying Nature*, Mitchell Beazley, London, 1993, p.95.）

図30
Derek Walker, *Great Engineers*, Academy Editions, London, 1987, p.89下.

図31
Peter Ackroyd and Piers Dudgeon, *Dickens' London*, Headline, London, 1987, p.41.

図32
Max Becker, *Der Brückenbau*, 1858 （Richard J. Dietrich, *Faszination Brücken: Baukunst, Technik, Geschichte*, Callwey, Munich, 1998, p.175.）

図33
Henry-Russell Hitchcock, *Early Victorian Architecture In Britain*, Da Capo, New York, 1972, fig.XX 34.

図34
Martin Smith, *British Railway Bridges & Viaducts*, Ian Allen Publishing, Shepperton, 1994, p.62.

図35
Reed International Books（David J. Brown, *Bridges: Three Thousand Years of Defying Nature*, Mitchell Beazley, London, 1993, p.71.）

図36
David Bennett, *The Creation of Bridges*, Aurum Press, London, 1999, p.112.

図37
筆者撮影

図38
National Monuments Record (Bedford Lemere)（Mark Girouard, *The Victorian Country Houses*, Yale University Press, New Haven and London, 1979, p.305, fig.287.）

図39
National Monuments Record (Bedford Lemere)（Mark Girouard, *The Victorian Country Houses*, Yale University Press, New Haven and London, 1979, p.313, fig.295.）

図40
Webb's Collection（Sheila Kirk, *Philip Webb: Pioneer of Arts & Crafts Architecture*, Wiley–Academy, Chichester, 2005, p.118.）

図41
Private Collection（Sheila Kirk, *Philip Webb: Pioneer of Arts & Crafts Architecture*, Wiley–Academy, Chichester, 2005, p.125.）

図42
William R. Lethaby, *Philip Webb and His Work*, Oxford University Press, London, 1935, reprint, 1979, Plate 37.

図43
チャールズ・シンガー他編『技術の歴史 第10巻 鋼鉄の時代・下』筑摩書房、1964年、図版p.33B

図44
チャールズ・シンガー他編『技術の歴史 第10巻 鋼鉄の時代・下』筑摩書房、1964年、図版p.32B

図45
Sheila Taylor and Oliver Green ed., *The Moving Metropolis: A History of London's Transport since 1800*, Laurence King Publishing, London, 2001, p.67.

図46
Guild Hall Library, City of London（Richard Trench and Ellis Hillman, *London under London*, John Murray, London, 1984, p.74.）

図47
チャールズ・シンガー他編『技術の歴史 第7巻 産業革命・上』筑摩書房、1963年、図版p.13A

図48
チャールズ・シンガー他編『技術の歴史 第7巻 産業革命・上』筑摩書房、1963年、図版p.12A

図49
Joseph McKeown（Richard Trench and Ellis Hillman, *London under London*, John Murray, London, 1984, p.95.）

図50
Peter Jackson（Richard Trench and Ellis Hillman, *London under London*, John Murray, London, 1984, p.167.）

図51
National Monuments Record（Andrew Saint, *Richard Norman Shaw*, Yale University Press, New Haven and London, 1976, p.120, fig.98.）

図52
Central Electricity Generating Board（David Crawford, *British Building Firsts: The First Castle to the First Airport*, David & Charles, New Abbot and London, 1990, p.130, Plate 38.）

図53
チャールズ・シンガー他編『技術の歴史 第9巻 鋼鉄の時代・上』筑摩書房、1964年、p.157、図103

図54
The Royal Institute of British Architects（H. A. N. Brockman, *The British Architect in Industry 1841-1940*, George Allen & Unwin, London, 1974, Fig.45.）

図55
CEGB Archive（Michael Stratton and Barrie Trinder, *Industrial England*, B. T. Batford, London, 1997, p.63, fig.50.）

図56
A. Ure, *The Cotton Manufacture of Great Britain*, Vol.1, p.232, fig.18.（Colum Giles and Ian H. Goodall, *Yorkshire Textile Mills: The Buildings of the Yorkshire Textile Industry 1770-1930*, HMSO, London, 1992, p.10, fig.10.）

図57
E. Baines, *History of the Cotton Manufacture in Great Britain*, 1835, pl.11.（Colum Giles and Ian H. Goodall, *Yorkshire Textile Mills: The Buildings of the Yorkshire Textile Industry 1770-1930*, HMSO, London, 1992, p.10, fig.11.）

図58
Science Museum, London（François Loyer, *Le siécle de l'industrie*, Skira, Geneve, 1983, p.25, fig.5.）

図59
Glamorgan Archive Service（Edgar Jones, *Industrial Architecture in Britain 1750-1939*, B. T. Batsford, London, 1985, p.73, fig.43.）

図60
L. T. C. ロルト『ヴィクトリアン・エンジニアリング—土木と機械の時代』鹿島出版会、1989年、p.223、図47

図61
Edgar Jones, *Industrial Architecture in Britain 1750-1939*, B. T. Batsford, London, 1985, p.37, fig.21.

図62
Thames and Hudson Ltd archives（Asa Briggs, *Iron Bridge to Crystal Palace: Impact and Images of the Industrial Revolution*, Thames and Hudson, London, 1979, p.74, fig.39.）

図63
筆者撮影

図64
Edgar Jones, *Industrial Architecture in Britain 1750-1939*, B. T. Batsford, London, 1985, p.60, fig.32.

図65
James Hole, *The Home of the Working Class*, London, 1866.（Walter L. Creese, *The Search for Environment: The Garden City Before and After*, The Johns Hopkins University Press, Baltimore and London, 1966, expanded editon, 1992, p.47, fig.19.）

図66
Walter L. Creese, *The Search for Environment: The Garden City Before and After*, The Johns Hopkins University Press, Baltimore and London, 1966, expanded editon, 1992, p.32, fig.10.

図67
筆者撮影

図68
J. C. Loudon, *Sketches of Curvilinear Hot-Houses*, 1818.（John Hix, *The Glasshouse*, Phaidon Press, London, 1996, p.34, fig.10.）

図69
筆者撮影

図70
Francoise Choay, *The Modern City: Planning in the 19th Century*, George Braziller, New York, 1969, fig.39.

図71
Henry-Russell Hitchcock, *Early Victorian Architecture In Britain*, Da Capo, New York, 1972, fig.XX 29.

図72
Gardeners Chronicle, 31. Aug. 1850.（Georg Kohlmaier and Barna von Sarory, *Houses of Glass: A Nineteenth-Century Building Type*, The MIT Press, Cambridge, Mass., 1986, p.227, fig.230.）

図73
K. and S. Archive, Berlin（Georg Kohlmaier and Barna von Sarory, *Houses of Glass: A Nineteenth-Century Building Type*, The MIT Press, Cambridge, Mass., 1986, p.458, fig.536.）

図74
筆者撮影

図75
Asa Briggs, *Iron Bridge to Crystal Palace: Impact and Images of the Industrial Revolution*, Thames and Hudson, London, 1979, p.180, fig.164.

図76
Illustrated London News, 1. Feb.1851.（Georg Kohlmaier and Barna von Sarory, *Houses of Glass: A Nineteenth-Century Building Type*, The MIT Press, Cambridge, Mass., 1986, p.308, fig.349.）

図77
Dicksons Comprehensive Pictures of the Great Exhibition of 1851（Derek Walker, *Great Engineers*, Academy Editions, London, 1987, p.77.）

図78
Illustrated London News, 7. Dec. 1850.（John Hix, *The Glasshouse*, Phaidon Press, London, 1996, p.179, fig.6.）

図79
Illustrated London News, 16. Nov. 1850.（Georg Kohlmaier and Barna von Sarory, *Houses of Glass: A Nineteenth-Century Building Type*, The MIT Press, Cambridge, Mass., 1986, p.311, fig.354.）

図80
John Hix, *The Glasshouse*, Phaidon Press, London, 1996, p.189, fig.23.

主要参考文献

- Peter Ackroyd and Piers Dudgeon, *Dickens' London*, Headline, London, 1987.
- Bill Addis, *Building: 3000 Years of Design, Engineering and Construction*, Phaidon Press, London, 2007.
- Michelle Allen, *Cleansing the City: Sanitary Geographies in Victorian London*, Ohio University Press, Athens, 2008.
- S. K. Al Naib ed., *European Docklands: Past, Present and Future*, Ashmead Press, London, 1991.
- John Anthony, *Joseph Paxton*, Shire Publications, Aylesbury, 1985.
- Helena Barrett and John Phillips, *Suburban Style: The British Home 1840-1960*, Macdonald Orbis, London, 1987.
- Leonardo Benevolo, *The Origins of Modern Town Planning*, The MIT Press, Cambridge, Mass., 1971. (L. ベネヴォロ『近代都市計画の起源』鹿島出版会、1976年)
- Walter Benjamin, *Das Passagen-Werk*, Suhrkamp Verlag, Frankfurt am Main, 1983. (ヴァルター・ベンヤミン『パサージュ論』岩波書店、1993−1995年)
- David Bennett, *The Creation of Bridges*, Aurum Press, London, 1999.
- John Betjeman and John Gay, *London's Historic Railway Stations*, J. Murray, London, 1978.
- David P. Billington, *The Tower and the Bridge: The New Art of Structural Engineering*, Basic Books, New York, 1983. (D. P. ビリントン『塔と橋』鹿島出版会、2001年)
- Marcus Binney and Manfred Hamm, *Great Railway Stations of Europe*, Thames and Hudson, London, 1984.
- M. Binney and D. Pearce ed., *Railway Architecture*, Bloomsbury Books, London, 1979.
- Simon Bradley, *St Pancras Station*, Profile Books, London, 2007.
- Gordon Biddle, *Great Railway Stations of Britain: Their Architecture, Growth and Development*, David & Charles, Newton Abbot, 1986.
- Asa Briggs, *Victorian Cities*, Penguin Books, Harmondsworth, 1968.
- Asa Briggs, *Iron Bridge to Crystal Palace: Impact and Images of the Industrial Revolution*, Thames and Hudson, London, 1979.
- Steven Brindle, *Paddington Station: Its History and Architecture*, English Heritage, Swindon, 2004.
- H. A. N. Brockman, *The British Architect in Industry 1841-1940*, George Allen & Unwin, London, 1974.
- David J. Brown, *Bridges: Three Thousand Years of Defying Nature*, Mitchell Beazley, London, 1993.
- Anthony Burton, Michael Taylor and Peter White, *Canal Mania: 200 Years of Britain's Waterways*, Aurum Press, London, 1993.
- D. S. L. Cardwell, *From Watt to Clausius: The Rise of Thermodynamics in the Early Industrial Age*, Heinemann Educational Books, London. 1971. (D. S. L. カードウェル『蒸気機関からエントロピーへ—熱学と動力技術』平凡社、1989年)
- D. S. L. Cardwell, *Technology, Science and History*, Heinemann Educational Books, London. 1972. (D. S. L. カードウェル『技術・科学・歴史』河出書房新社、1982年)
- George F. Chadwick, *The Works of Sir Joseph Paxton 1803-1865*, The Architectural Press, London, 1961.
- Francoise Choay, *The Modern City: Planning in the 19th Century*, George Braziller, New York, 1969. (フランソワーズ・ショエ『近代都市—19世紀のプランニング』井上書院、1983年)
- John Christopher, *London's Historic Railway Stations through Time*, Amberley Publishing, Stroud, 2015.
- John Christopher, *Brunel's Kingdom: In the Footsteps of Britain's Greatest Engineer*, The History Press, Stroud, 2015.
- W. R. Cockcroft, *The Albert Dock and Liverpool's Historic Waterfront*, Print Origination, Formby, 1994.
- Margaret Cole, *Robert Owen of New Lanark*, A. M. Kelley, New York, 1969.
- Bernard Comment, *Le XIXe siècle des panoramas*, Societe Nouvelle Adam Biro, Paris, 1993. (ヴェルナール・コマン『パノラマの世紀』筑摩書房、1996年)
- R. C. Cox and M. H. Gould ed., *Civil Engineering Heritage: Ireland*, Thomas Telford Ltd., London, 1998.
- R. Cragg ed., *Civil Engineering Heritage: Wales and West Central England*, Thomas Telford Ltd., London, 1986, the second edition, 1997.
- David Crawford, *British Building Firsts: The First Castle to the First Airport*, David & Charles, Newton Abbot and London, 1990.
- Walter L. Creese, *The Search for Environment: The Garden City Before and After*, The Johns Hopkins University Press, Baltimore and London, 1966, expanded editon, 1992.
- Nigel Crowe, *Book of Canals*, B. T. Batsford, London, 1994.
- Gillian Darley, *Villages of Vision*, The Architectural Press, London, 1975.
- Eric de Maré, *The Nautical Style*, Architectural Press, 1973.
- Eric de Maré, *The Canals of England*, Amberley Publishing, Stroud, 2009.
- Jean Dethier, Paul Delagroix and François-Xavier Bouchart, *Gares d'Europe*, Denoël, Paris, 1988.
- Richard J. Dietrich, *Faszination Brücken: Baukunst, Technik, Geschichte*, Callwey, Munich, 1998.
- Roger Dixon and Stefan Muthesius, *Victorian Architecture*, Thames and Hudson, London, 1978.
- Brian Dolan, *Josiah Wedgwood: Entrepreneur to the Enlightenment*, Harper Collins Publishers, London, 2004.
- Ian Donnachie and George Hewitt, *Historic New Lanark: The Dale and Owen Industrial Community since 1785*, Edinburgh University Press, Edinburgh, 1993.
- Brent Elliott, *Victorian Gardens*, B. T. Batsford, London, 1986.
- Cecil D. Elliott, *Technics and Architecture: The Development of Materials and Systems for Buildings*, The MIT Press, Cambridge, Mass., 1992.
- Martin Marix Evans and Robert Reichenfeld, *Canals of England*, George Weidenfeld and Nicolson, London, 1994.
- Sigfried Giedion, *Mechanization Takes Command*, Oxford University Press, New York, 1948. (S. ギーディオン『機械化の文化史—ものいわぬものの歴史』鹿島出版会、1977年)
- Sigfried Giedion, *Space, Time and Architecture*, Harvard University Press, Cambridge, Mass., the fifth edition, 1967. (S.ギーディオン『空間・時間・建築 1・2』丸善、1969年)
- Colum Giles and Ian H. Goodall, *Yorkshire Textile Mills: The Buildings of the Yorkshire Textile Industry 1770-1930*, HMSO, London, 1992.
- Mark Girouard, *The Victorian Country Houses*, Yale University Press, New Haven and London, 1979.
- Jean- Pierre Goubert, *La conquête de l'eau*, Editions Robert Laffont S. A., Paris, 1986. (ジャン=ピエール・グベール『水の征服』パピルス、1991年)
- Ivan S. Greeves, *London Docks 1800-1980: A Civil Engineering History*, Thomas Telford Ltd., London, 1980.
- Stephen Halliday, *The Great Stink of London: Sir Joseph Bazalgette and the Cleansing of the Victorian Metropolis*, The History Press, Stroud, 2009.
- Stephen Halliday, *London's Markets: From Smithfield to Portobello Road*, The History Press, Stroud, 2014.
- Henrietta Heald, *William Armstrong: Magician of the North*, McNidder & Grace, Alnwick, 2012.
- Bert Heinrich, *Brücken: Vom Balken zum Bogen*, Rowohlt Taschenbuch Verlag, Hamburg, 1983. (ベルト・ハインリッヒ編著『橋の文化史—桁からアーチへ』鹿島出版会、1991年)
- John Heskett, *Industrial Design*, Oxford University Press, New York and Tronto, 1980.

- Henry-Russell Hitchcock, *Early Victorian Architecture In Britain*, Da Capo, New York, 1976.
- John Hix, *The Glasshouse*, Phaidon Press, London, 1996.
- John Dixon Hunt and Peter Willis ed., *The Genius of the Place: The English Landscape Garden 1620-1820*, Harper & Row Publishers, New York, 1975.
- John Dixon Hunt, *Gardens and the Picturesque*, The MIT Press, Cambridge, Mass., 1992.
- Christopher Hussey, *The Picturesque: Studies in a Point of View*, G. P. Putman's Sons, New York, 1927.
- International Association of Marine Aids to Navigation and Lighthouse Authorities ed., *Lighthouses of the World*, The Globe Pequot Press, Old Saybrook, 1998.
- Edgar Jones, *Industrial Architecture in Britain 1750-1939*, B. T. Batsford, London, 1985.
- Robert Furneaux Jordan, *Victorian Architecture*, Penguin Books, Harmondsworth, 1966.
- 片木篤『イギリスの郊外住宅―中流階級のユートピア』住まいの図書館出版局、1987年
- 片木篤『テクノスケープ―都市基盤の技術とデザイン』鹿島出版会、1995年
- 片木篤『アーツ・アンド・クラフツの建築』鹿島出版会、2006年
- Richard Shelton Kirby, Sidney Withington, Arthur Burr Darling and Frederick Gridley Kilgour, *Engineering in History*, Dover Publications, New York, 1990.
- Sheila Kirk, *Philip Webb: Pioneer of Arts & Crafts Architecture*, Wiley–Academy, Chichester, 2005.
- Arnold Koerte, *Two Railway Bridges of an Era: Firth of Forth and Firth of Tay*, Birkhäuser Verlag, Basel, 1992.
- Georg Kohlmaier and Barna von Sartory, *Houses of Glass: A Nineteenth-Century Building Type*, The MIT Press, Cambridge, Mass., 1986.
- 小池滋『英国鉄道物語』晶文社、1979年
- Stefan Koppelkamm, *Künstliche Paradiese: Gewächshäuser und Wintergärten des 19. Jahrhunderts*, Wilhelm Ernst & Sohn Verlag, Berlin, 1988. (シュテファン・コッペルカム『人工楽園―19世紀の温室とウィンターガーデン』鹿島出版会、1991年)
- E. A. Labrum ed., *Civil Engineering Heritage: Eastern and Central England*, Thomas Telford Ltd., London, 1994.
- John Langton and R. J. Morris ed., *Atlas of Industrialising Britain 1780-1914*, Associated Book Publishers (UK), London, 1986. (J. ラングトン、R. J. モリス編『イギリス産業革命地図―近代化と工業化の変遷 1780−1914』原書房、1989年)
- William R. Lethaby, *Philip Webb and His Work*, Oxford University Press, London, 1935, reprint, 1979.
- David Lloyd and Donald Insall, *Railway Station Architecture*, David & Charles, Newton Abbot, 1967.
- Nathaniel Lloyd, *A History of the English House*, The Architectural Press, London, 1975.
- François Loyer, *Le siècle de l'industrie*, Skira, Geneve, 1983.
- Henri Loyrette, *Effel: Un ingénieur et son œuvre*, Office du Livre S. A., Fribourg, 1985. (アンリ・ロワレット『ギュスターヴ・エッフェル―パリに大記念塔を建てた男』西村書店、1989年)
- Sheila Mackay, *The Forth Bridge: A Picture History*, HMSO, Edinburgh, 1990.
- Bernard Marrey, *Les ponts modernes: 18ᵉ–19ᵉ siècles*, Picard Editeur, Paris, 1990.
- 松村昌家『水晶宮物語―ロンドン万国博覧会1851』リブロポート、1986年
- John McKean, *Crystal Palace: Joseph Paxton and Charles Fox*, Phaidon Press, London, 1994.
- Lewis Mumford, *Technics and Civilization*, Harcourt, Brace & World, New York, 1963. (ルイス・マンフォード『技術と文明』美術出版社、1972年)
- Peter Murray and Mary Anne Stevens ed., *Living Bridges: The Inhabited Bridge, Past, Present and Future*, Prestel, Munich and New York, 1996.
- John Naish, *Seamarks: Their History and Development*, Stanford Maritime, London, 1985.
- Stephan Oettermann, *The Panorama: History of a Mass Medium*, Zone Books, New York, 1997.
- R. A. Otter ed., *Civil Engineering Heritage: Southern England*, Thomas Telford Ltd., London, 1994.
- Marilyn Palmer and Peter Neaverson, *Industrial Archaeology: Principles and Practice*, Routledge, London and New York, 1998.
- Steven Parissien, *Station to Station*, Phaidon Press, London, 1997.
- Roland Paxton and Jim Shipway ed., *Civil Engineering Heritage: Scotland Highlands and Islands*, Thomas Telford Ltd., London, 2007.
- Roland Paxton and Jim Shipway ed., *Civil Engineering Heritage: Scotland Lowlands and Borders*, Thomas Telford Ltd., London, 2007.
- Rhoda M. Pearce, *Thomas Telford*, Shire Publications, Aylesbury, the second edition, 1985.
- Tom F. Peters, *Building the Nineteenth Century*, The MIT Press, Cambridge, Mass., 1996.
- Henry Petroski, *Design Paradigms: Case Histories of Error and Judgment in Engineering*, Cambridge University Press, Cambridge, 1994. (ヘンリー・ペトロスキー『橋はなぜ落ちたのか―設計の失敗学』朝日選書、2001年)
- Nikolaus Pevsner, *Pioneers of Modern Design: From William Morris to Walter Gropius*, Penguin Books, Harmondsworth, the second edition, 1949. (ニコラス・ペヴスナー『モダン・デザインの展開―モリスからグロピウスまで』みすず書房、1957年)
- Nikolaus Pevsner, *The Sources of Modern Architecture and Design*, Thames and Hudson, London, 1968. (ニコラウス・ペヴスナー『モダン・デザインの源泉―モリス、アール・ヌーヴォー、20世紀』美術出版社、1976年)
- Nikolaus Pevsner, *Studies in Art, Architecture and Design*, 2 volumes, Thames and Hudson, London, 1968. (ニコラウス・ペヴスナー『美術・建築・デザインの研究I・II』鹿島出版会、1980年)
- Nikolaus Pevsner, *A History of Building Types*, Princeton University Press, Princeton, 1976. (ニコラウス・ペヴスナー『建築タイプの歴史1・2』中央公論美術出版、2014〜2015年)
- R. W. Rennison ed., *Civil Engineering Heritage: Northern England*, Thomas Telford Ltd., London, 1996.
- Jeffrey Richards and John M. MacKenzie, *The Railway Station: A Social History*, Oxford University Press, Oxford, 1986.
- John Rickman ed., *Life of Thomas Telford, Civil Engineer, Written by Himself*, Longman and Foss, London, 1838. (ジョン・リックマン編『自伝トーマス・テルフォードの生涯―その叙述的物語』ニチマ、1985年)
- L. T. C. Rolt, *Victorian Engineering: A Fascinating Story of Invention and Achievement*, Penguin Books, Harmondsworth, 1970. (L. T. C. ロルト『ヴィクトリン・エンジニアリング―土木と機械の時代』鹿島出版会、1989年)
- L. T. C. Rolt, *George and Robert Stephenson*, Penguin Books, Harmondsworth, 1988.
- L. T. C. Rolt, *Thomas Telford*, Longmans, Green and Co., 1958, Sutton Publishing, Stroud, 2007.
- 鯖田豊之『水道の文化―西欧と日本』新潮選書、1983年
- 鯖田豊之『水道の思想』中公新書、1996年
- Andrew Saint, *Richard Norman Shaw*, Yale University Press, New Haven and London, 1976.
- 斎藤晃『蒸気機関車の興亡』NTT出版、1996年
- Wolfgang Schivelbusch, *The Railway Journey: The Industrialization of Time and Space in the Nineteenth Century*, Urizen Books, New York, 1979. (ヴォルフガング・シベルブシュ『鉄道旅行の歴史―十九世紀における空間と時間の工業化』法政大学出版局、1982年)
- Anne Scott-James and Osbert Lancaster, *The Pleasure Garden: An Illustrated History of British Gardening*, Penguin Books, Harmondworth, 1979. (アンヌ・スコット―ジェイムズ、オズバート・ランカスター『庭の楽しみ―西洋の庭園二千年』鹿島出版会、1984年)
- Eric Shanes, *Impressionist London*, Abbeville Press, New York, 1994.
- Jack Simmons, *The Victorian Railway*, Thames and Hudson, London, 1991.
- Melanie Louise Simo, *Loudon and the Landscape: From Country Seat to Metropolis 1783−1843*, Yale University Press, New Haven, 1988.
- Charles Singer et.al. ed., *A History of Technology: The Industrial Revolution, c.1750−c.1850*, Clarendon Press, Oxford, 1958. (チャールズ・シンガー他編『技術の歴史 第7巻 産業革命・上』技術の歴史 第8巻 産業革命・下』筑摩書房、1963年)
- Charles Singer et.al. ed., *A History of Technology: The Late Nineteenth Century, c.1850−c.1900*, Clarendon Press, Oxford, 1958. (チャールズ・シンガー他編『技術の歴史 第9巻 鋼鉄の時代・上』『技術の歴史 第10巻 鋼鉄の時代・下』筑摩書房、1964年)
- W. J. Sievwright ed., *Civil Engineering Heritage: Wales and Western England*, Thomas Telford Ltd., London, 1986.
- Denis Smith ed., *Civil Engineering Heritage: London and Thames Valley*, Thomas Telford Ltd., London, 2001.
- Donald J. Smith, *Robert Stephenson*, Shire Publications, Aylesbury, 1984.
- Martin Smith, *British Railway Bridges & Viaducts*, Ian Allan Publishing, Shepperton, 1994.
- Robert A. M. Stern, David Fishman and Jacob Tilove, *Paradise Planned: The Garden Suburb and the Modern City*, The Monacelli Press, New York, 2013.
- Michael Stratton and Barrie Trinder, *Industrial England*, B. T. Batsford, London, 1997.
- John Styles, *Titus Salt and Saltaire: Industry and Virtue*, Saltaire Estates, the second edition, 1994.
- 菅建彦『英雄時代の鉄道技師たち―技術の源流をイギリスにたどる』山海堂、1987年
- John Summerson, *Architecture in Britain 1530-1830*, Penguin Books, Harmondsworth, the sixth revised edition, 1977.
- John Summerson, *The Life and Work of John Nash*, George Allen & Unwin, London, 1980.
- Sheila Taylor and Oliver Green ed., *The Moving Metropolis: A History of London's Transport since 1800*, Laurence King Publishing, London, 2001.
- Emyr Thomas, *Coalbrookdale and the Darbys: The Story of the World's First Industrial Dynasty*, Sessions Book Trust, London, 1999.
- Richard Trench and Ellis Hillman, *London under London*, John Murray, London, 1984.
- Barrie Trinder, *The Darbys of Coalbrookdale*, Philmore, Chichester, 1981. (バリー・トリンダー『産業革命のアルケオロジー―イギリス製鉄企業の歴史』新評論、1986年)
- Barrie Trinder, *The Making of the Industrial Landscape*, Phoenix Giant, London, 1997.
- Abbott Payson Usher, *A History of Mechanical Inventions*, Dover Publications, New York, revised edition, 1988.
- Georges Vigarello, *Le propre et le sale: L'hygiène du corps depuis le Moyen Âge*, Éditions du Seuil, Paris, 1985. (ジョルジュ・ヴィガレロ『清潔になる〈私〉―身体管理の文化誌』同文舘出版、1994年)
- Derek Walker, *Great Engineers*, Academy Editions, London, 1987.
- Ben Weinreb and Christopher Hibbert ed., *The London Encyclopedia*, Macmillan, London, 1983.
- Chris Wilkinson, *Supersheds: The Architecture of Long-Span Large-Volume Buildings*, Butterworth-Heinemann, Oxford, 1991. (クリス・ウィルキンソン『スーパーシェッズ―大空間のデザインと構法』鹿島出版会、1995年)
- Rosalind Williams, *Notes on the Underground: An Essay on Technology, Society and the Imagination*, The MIT Press, Cambridge, Mass., 1990. (ロザリンド・ウィリアムズ『地下世界―イメージの変容・表象・寓意』平凡社、1992年)

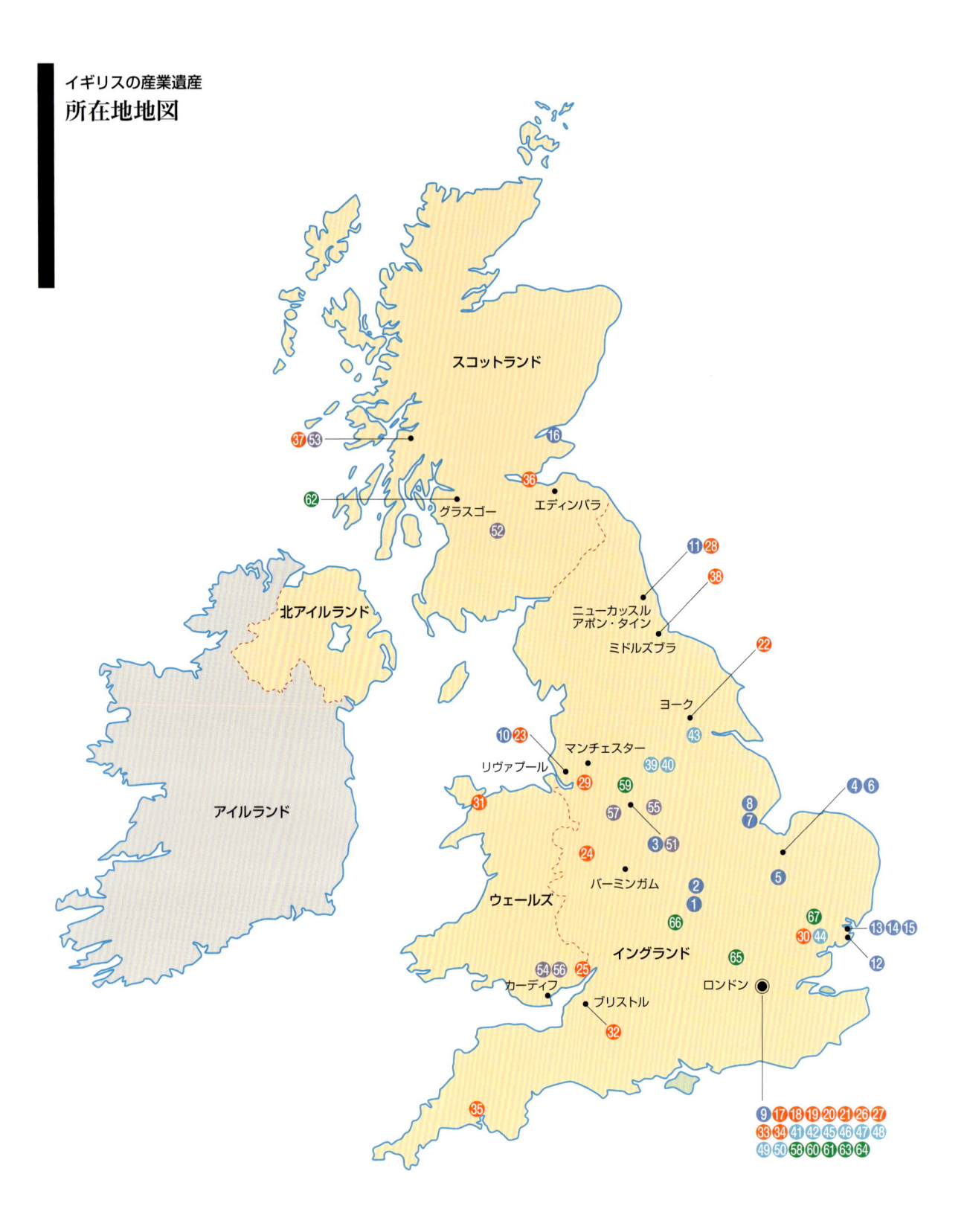

イギリスの産業遺産
所在地地図

スコットランド

北アイルランド

アイルランド

③⑦⑤③

⑥②

グラスゴー

⑤②

⑯

⑯

エディンバラ

⑪㉘

㊳

ニューカッスル
アポン・タイン

ミドルズブラ

ヨーク

㉒

㊸

⑩㉓

マンチェスター

リヴァプール

㉙

㉛

㊴㊵

⑤⑨

⑤⑦

⑤⑤

③㊶

㉔

バーミンガム

ウェールズ

②
①

⑥⑥

イングランド

⑧
⑦

④⑥

⑤

⑥⑦
㉚㊹

⑬⑭⑮

⑫

㉕

⑤④⑤⑥

カーディフ

ブリストル

㉜

ロンドン ●

⑥⑤

㉟

㉜

⑨ ⑰ ⑱ ⑲ ⑳ ㉑ ㉖ ㉗
㉝ ㉞ ㊶ ㊷ ㊺ ㊻ ㊼ ㊽
㊾ ㊿ ⑤⑧ ⑥⓪ ⑥① ⑥③ ⑥④

272

索引

著者紹介

片木 篤＝文　KATAGI Atsushi

1954年大阪府生まれ。東京大学大学院工学系研究科博士課程修了。現在、名古屋大学大学院環境学研究科教授（建築設計・意匠）。工学博士。主な著書に、『イギリスの郊外住宅』（住まいの図書館出版局）、『イギリスのカントリーハウス』（丸善）、『テクノスケープ―都市基盤の技術とデザイン』『アーツ・アンド・クラフツの建築』（ともに鹿島出版会）、『オリンピック・シティ東京1940・1960』（河出書房新社）、編著に『近代日本の郊外住宅地』（鹿島出版会）など。

増田彰久＝写真　MASUDA Akihisa

1939年東京都生まれ。建築写真家。日本大学芸術学部写真学科卒業。増田彰久写真事務所を主宰。日本写真家協会、日本写真協会、日本旅行作家協会会員。第33回日本写真協会賞年度賞、第9回伊奈信男賞、2006年日本建築学会文化賞などを受賞。主な著書に、『英国貴族の館』『日本の洋館』（ともに講談社）、『西洋館を楽しむ』（筑摩書房）、『建築のハノイ』『写真な建築』（ともに白揚社）、『近代建築のアジア中国Ⅰ・Ⅱ』（柏書房）など。

イギリスの産業遺産
Industrial Heritage in Britain

2017年5月25日	第1刷発行
著者	片木 篤 ［文］
	増田彰久 ［写真］
発行者	富澤凡子
発行所	柏書房株式会社
	東京都文京区本郷2-15-13 （〒113-0033）
	電話 （03）3830-1891 ［営業］
	（03）3830-1894 ［編集］
ブックデザイン	太田徹也
プリンティングディレクション	髙栁 昇
印刷・製本	株式会社東京印書館